La politique juridique sportive du Cameroun de 1960 à nos jours

Claude BEKOMBO JABEA

La politique juridique sportive du Cameroun de 1960 à nos jours

Préface de Gérard Martin Pekassa Ndam

L'Harmattan
Cameroun

Du même auteur

L'État et l'équipe nationale de football au Cameroun. La lex *lions indomptables de 1972 à 2014*, L'Harmattan, 2021.

5-7, rue de l'Ecole-Polytechnique, 75005 Paris

http://www.editions-harmattan.fr

ISBN : 978-2-336-41403-4
EAN : 9782336414034

Au Professeur Stéphane Doumbé Bilé⁺,

Ma reconnaissance éternelle

REMERCIEMENTS

L'essentiel de cet ouvrage est le fruit de multiples échanges avec le feu Professeur Stéphane Doumbe-Bile[+], qui de 2012 à 2016 n'a cessé de me dire « *je récuse ton concept de lex sportiva nationale et je crois plutôt qu'il faut que tu décryptes les éléments d'une politique juridique de l'État du Cameroun en matière de Sport, afin d'avoir la vision globale des objectifs du législateur sportif au Cameroun* ». Cette remarque implacable sonnait comme une critique acerbe au doctorant de l'époque que j'étais alors, au point de n'envisager cette posture que comme des éléments de rhétorique d'un maître cherchant à assoir sa prépondérance épistémologique sur son impétrant. Sauf qu'après avoir soutenu ladite thèse, le Professeur Stéphane Doumbé-Bile[+] était revenu encore à la charge, me demandant à plusieurs reprises si j'avais pu dégager la politique normative ou juridique de l'État du Cameroun en matière de production des règles sportives nationales et quelle en était la spécificité. N'ayant que des éléments de réponse épars, il me conseilla d'en faire une construction rigoureuse, sans savoir qu'en m'engageant dans cette aventure, la parturition d'une réflexion profonde prenait corps.

Cher maître, Professeur Stéphane Doumbe-Bilé, la voici donc, ma réponse construite à votre question inlassable, que vous avez tant espérée, de l'au-delà, je vous remercie de votre pugnacité, reposez en paix, cher Maître.

Ouesso, le 29 février 2020
Bekombo Jabea Claude

SOMMAIRE

PRÉFACE

Ode au Professeur Stéphane Doumbe Bilé.

En parcourant ce livre, il transparait inéluctablement, et de manière systématique, un argumentaire élaboré des échanges théoriques entre un maître, Stéphane Doumbé Bilé, de regrettée mémoire aujourd'hui, et son disciple, Claude Bekombo Jabea. J'ai eu le privilège d'y assister personnellement pendant quatre ans, de Douala, en passant par Yaoundé jusqu'à Lyon au Centre de droit international de l'Université Jean Moulin Lyon 3, autour de victuailles arrosées d'amitié, de fraternité et de juridicité -comme les adorait Stéphane- pouvant se prolonger à des heures indues parfois.

Ce qui était captivant chez le professeur Stéphane Doumbe Bilé, c'est incontestablement sa capacité à se passionner pour le Sport et le droit du sport alors même qu'il était estampillé internationaliste (raccourci usuel !) plutôt sensible aux questions environnementales, notamment. Nonobstant cette virginité dans l'appréhension du droit du sport, il répétait inlassablement à l'impétrant d'alors qu'était Claude Bekombo Jabea que ce qu'il appelait la « *lex sportiva nationale* » est en réalité la politique sportive étatique cohérente avec les organismes sportifs internationaux tels que la FIFA et le CIO, faisant toujours le parallèle avec l'environnement où l'État, à travers son droit interne, définit une politique environnementale en accord avec les instances environnementales multilatérales universelles. À cette position de son directeur de thèse de l'époque, Claude

Bekombo Jabea rétorquait que l'on pouvait avoir des règles sur le sport de l'État sans qu'on puisse nécessairement identifier une *« politique juridique »* et que les normes sportives de l'État sont cohérentes avec la hiérarchie des normes internes, mais que la lex sportiva « *internationale* » est un droit autonome, hors du cadre juridique de l'État, et partant est le socle de la cohérence des normes sportives internes adoptées par les États. À ces réactions perpétuelles de Monsieur Bekombo Jabea, le Professeur Doumbe Bilé répondait qu'un scientifique ne déduit pas, qu'on ne peut pas nécessairement identifier une politique juridique sans analyser les textes et voir si cela obéit ou pas à une véritable politique juridique, qu'il faut le démontrer, car il n'était pas convaincu des « *intuitions* » du doctorant d'alors.

La présente réflexion est donc la parturition de ces échanges, l'ambition de l'auteur est d'analyser la production normative sur le sport de l'État du Cameroun et d'identifier si l'on est en présence d'une politique juridique sportive ou non pour répondre définitivement à son maître, encore qu'il ne soit plus de ce monde depuis le 7 janvier 2020.

Il est intéressant de remarquer, comme d'habitude chez le Docteur Claude Bekombo Jabea, la densité théorique. En effet, c'est plus en théoricien du droit qu'il passe au prisme de la dissection ce qu'il appelle « *le comportement du législateur sportif* » dans sa production normative sportive pour en extirper le sens, s'il y'en a un, c'est-à-dire *in concreto*, savoir s'il y a une cohérence ou une philosophie identifiable se dégageant de cette prolifération normative sportive de l'État du Cameroun, pouvant amener à conclure à l'existence d'une politique juridique sportive. Il découle que la tendance lourde de cette floraison normative étatique sur le sport au Cameroun dépend des périodes. D'abord, de 1960 jusqu'à 1996, on note une tendance à la gestion directe exclusive de l'État, le monde du sport étant spectateur. Ensuite, une deuxième mouvance épistémologique de 1996 à nos jours, suivant le vent de ce que l'auteur appelle « *la démocratie sportive* », l'ère du partenariat entre les États et les acteurs du mouvement sportif ; celle-ci s'achève sur la reconnaissance des règles sportives internationales par l'État du Cameroun. Ces réponses permettent donc à l'auteur de caractériser le ou les sens selon la périodicité de « la politique juridique sportive » du Cameroun. C'est donc logiquement qu'il va engager, toujours dans sa fidélité à la théorie du droit, le débat sur la façon dont les règles de cette politique juridique sportive du Cameroun cohabitent avec les règles sportives des organisations internationales au Cameroun, à travers le prisme de la réception par le système judiciaire et de l'applicabilité par le juge camerounais.

Je recommande ce livre à tous les chercheurs et curieux sur les questions de droit et de sport dans une logique pluridisciplinaire, car c'est incontestablement une réflexion de sociologique juridique, d'histoire du droit aussi, car elle met en lumière la réaction des acteurs face au phénomène juridique en rapport avec le sport au Cameroun. C'est en cela que ce travail est original, car contrairement aux récits factuels sur le sport et les rivalités institutionnelles sportives, ou encore l'histoire du sport, nous avons une tentative de décryptage de la philosophie du législateur sportif face à son environnement national et international ; et on appréhende clairement la difficulté de légiférer face aux acteurs qui dégagent une certaine « *Puissance sportive* » comme dirait Gérald Simon.

Connaissant bien le feu professeur Stéphane Doumbé Bilé, il aurait, après lecture, sûrement dit à son fils et finalement ami qu'il n'a pas été assez critique du comportement de l'État qui parfois laisse trop faire devant les égarements sur les compétences régaliennes des acteurs du sport et du juge face aux questions sportives se limitant aux questions préalables sans aller au fond à l'exception quelques affaires trop insuffisantes au Cameroun. *Eh bien* ! Prenant et m'accrochant sur la vague du maître Stéphane Doumbé Bilé comme un nageur dans les derniers battements de bras d'une finale du 50 mètres nage libre aux Jeux olympiques, je fais les mêmes remarques au Dr Claude Bekombo Jabea en lui confirmant que de la terre de nos ancêtres où le Professeur Stéphane Doumbe Bilé est, il doit jubiler. Bravo à toi « *cher Stéphane* » d'avoir formé et encadré des théoriciens qui font la fierté de la science ! May your soul rest in peace.

Pr Gérard Martin Pekassa Ndam

Yaoundé, le 21 janvier 2022

INTRODUCTION

La politique juridique est un ensemble de mécanismes juridiques permettant de mettre en œuvre une idéologie politique par une institution publique ou une instance privée, en prenant le droit comme objet d'expression. Elle se manifeste et s'identifie par l'adoption d'un cadre juridique et la mise en place des institutions ou acteurs en vue d'implémenter la tendance idéologique consacrée par les textes. En d'autres termes comme le clarifie Jean Combacau à propos de cette notion de politique juridique, le droit est « *l'un des objets de la politique, et non pas nécessairement son fondement* », insistant ainsi sur l'aspect statocentré de la politique juridique ; qui à son avis, fait partie des cartes qu'un État peut utiliser pour agir dans l'espace public politique international.

La politique juridique d'une structure publique ou privée s'identifie à travers l'exégèse du sens de sa littérature normative et l'analyse des objectifs poursuivis par les structures issues de ce cadre normatif, ces deux dimensions, structure le contenu de la politique normative. Il paraît, même si nous le partageons partiellement, et nous reviendrons dessus, l'enracinement statocentré de la politique juridique à la suite de Guy de Lacharrière et de Jean Combacau, qu'une projection ou identification nationale de celle-ci est envisageable. L'État peut aussi au niveau interne utiliser le droit comme instrument pour donner les sens et orientations politiques à une question. C'est *in fine* plus une philosophie sociale de l'État qui a une manifestation extérieure à travers les règles et structures mises en place par la puissance publique afin que ses conceptions et croyances soient affirmées.

Si cette réflexion va se calfeutrer uniquement sur cette politique juridique issue du *teleos* que dégage le cadre juridique sportif produit par l'État du Cameroun, il faut aussi, et en cela nous ajoutons une nuance à cette conceptualisation de la politique juridique exclusivement issue des textes, identifier celle-ci à travers, les coutumes, usages et rites obligatoires, reconnus comme le droit par une organisation privée, une communauté, une société ou des peuplades. On peut donc à partir de cette posture à travers le contenu des coutumes, usages et rites initiatiques d'une entité, isoler la politique juridique de celle-ci. Car autant que le cadre juridique formel adopté par les institutions étatiques et publiques, les coutumes, usages et rites sont adoptés au terme d'un processus long oscillant entre la pratique répetée, l'identification comme étant devenue une règle non écrite obligatoire par tous et enfin la consécration par ladite entité comme étant une règle obligatoire avec un contenu connu de tous.

À partir de ce construit, la société ou une entité privée donne dans ces coutumes, usages et rites, les tendances philosophiques de l'encadrement des comportements et attitudes, et il ne faudrait pas que l'étude de la politique juridique fasse l'économie de ces aspects plus intéressants dans la théorie du droit. Car on sait très souvent dans la confection du droit de certaines sociétés (en voie de développement ou anciennes colonies) que c'est par référence, mimétisme ou de manière cosmétique (à l'ancienne puissance occupante) que les textes sont adoptés sans grande prise sur les réalités socio-anthropologiques de la société dans laquelle ils sont censés s'appliquer.

La politique juridique, à notre sens, n'est donc pas exclusivement identifiable dans l'analyse du *« droit dur »* produit par l'État, mais aussi par l'examen du *« droit mou »*, sécrété par des organisations privées ou des communautés. Le sport fait partie de ces domaines ou les organisations non gouvernementales ont construit des règles spécifiques de droit privé n'ayant que très peu d'attaches avec les règles de l'État qu'on appelle la *lex sportiva*, il s'y dégage beaucoup plus de règles coutumières, d'usages et de rites, permettant d'identifier la politique juridique du sport desdites organisations sportives internationales et d'exprimer leur philosophie juridique singulière. Malgré ce rappel, nous allons dans le cadre de cette réflexion, nous intéresser exclusivement à la production normative sportive de l'État du Cameroun.

Constatons d'abord les différentes dimensions de l'intérêt d'un État pour le sport dans la littérature avant de nous intéresser à la politique juridique sportive de l'État du Cameroun.

En effet, nous recensons trois approches envisagées par la doctrine. La première est celle de Norbert Elias et Éric Dunning, qui pensent que l'État à travers le sport arrive à contrôler l'expression de la violence individuelle ou collective surtout physique. Ils décrivent le fait que les sociétés modernes se sont structurées à travers la censure de l'agressivité et le monopole étatique de la violence, la « *curialisation* » des guerriers, l'introduction de normes de civilités, de propreté et de respect, l'euphémisation de la violence et l'apprentissage de l'autocontrôle individuel des pulsions. Cela leur permet d'analyser d'une part le processus de civilisation des sociétés occidentales modernes à travers l'euphémisation et le contrôle de la violence et d'autre part, la fonction éducative et préventive « prêtée » au sport moderne qui, dès sa genèse, fut socialement instrumentalisé, pour participer à l'euphémisation de ces violences.

La deuxième, émane des auteurs comme Nejmeddine Belayachi, Jean-François Bourg, Michel Hourcade, Fatou Sarr Ba qui pensent que le sport fait partie de la diplomatie d'un État, en d'autres termes qu'il entre dans le cadre des échanges institutionnels classiques entre acteurs de la société internationale.

La troisième enfin décrite par des auteurs comme Max Gounelle, Pierre Bourdieu, Jean-Pierre Augustin, qui pensent que le sport fait partie de la politique étrangère d'un pays. C'est-à-dire qu'il augure de la part de l'État, la définition d'une stratégie et l'identification des moyens d'action par le sport sur les relations internationales. Pascal Boniface pense que le sport est indiscutablement un des domaines où se construisent, se transforment, se reconstruisent, voire, se déconstruisent les identités nationales. Le Cameroun est sans doute le lieu du monde où ce constat prend toute sa charge herméneutique.

Il y a deux constats qu'il faut faire au seuil de ces analyses : d'abord une forte politisation du sport et un sentiment de continuation de la domination du nord sur le sud à travers les normes sportives issues des organisations sportives internationales. Au sujet de ce sentiment, la majorité des normes sportives internationales a été élaborée entre représentants des États occidentaux, en l'absence des États africains, sans tenir compte de leurs spécificités dont parle l'école « *africaniste* » de l'État. Aurions-nous eu pour autant des normes sportives internationales aux sensibilités différentes en présence des représentants des États africains pendant leur élaboration ? Cela n'empêche pas l'État de tous les horizons géographiques, même en Afrique, de légiférer sur le Sport. En tout état de cause, on ne réécrira pas l'histoire de leur élaboration, c'est peut-être un élément de compréhension de la floraison des litiges relatifs au sport dans les pays d'Afrique, mais pas exclusif. Ensuite, certains auteurs comme Norbert Elias et Éric Dunning , Michel Hourcade , Fatou Sarr Ba , Max Gounelle , Pierre Bourdieu , et bien d'autres encore, démontrent l'interpénétration intime entre le sport, la politique et l'usage du sport par la politique en Afrique sous forme de propagande.

Au Cameroun comme l'ont démontré Elias Mbengalack et David Claude Kuimo-Keimbou cette proximité entre le politique et le sportif est une réalité avec laquelle il faut composer quand on analyse les questions sportives. Cette posture du Cameroun rejaillit sur son activité normative, après avoir hérité par succession de la législation des forces de tutelle, il a d'abord légiféré *propriam mutu* sans partage et sans consulter les acteurs nationaux du sport. Aujourd'hui, il consent à prendre leur avis nonobstant qu'on constate de manière évanescente qu'il reste dans une posture dominante.

Jean-Pierre Karaquillo remarquait en 1989 que *« qui pourrait sérieusement prétendre que le sport laisse, aujourd'hui, indifférents les États ? Ici ou là, l'engouement suscité par l'activité sportive excite les 'convoitises', et celles des pouvoirs publics ne sont pas les moindres… la pratique sportive de haut niveau incite les États à s'y investir en prenant l'initiative d'opérations qui, à bien y réfléchir, constituent des opérations de 'sponsorisme politique' »*[1]. L'auteur conclut son analyse en constatant que *« dans les pays d'Afrique noire, le phénomène est par la force des choses singulièrement amplifié : imagine-t-on qu'un État africain, affecté d'une réelle cécité, puisse abandonner le sport au secteur privé ? Serait-il réaliste de ne pas associer activité sportive et intérêt général »*.

---

[1] F. Dikoume, *Le service public du sport en Afrique : L'exemple du Cameroun*, Préface de Jean-Pierre Karaquillo, op. cit., p. 8.

Non seulement l'État africain[2] n'a pas été *« affecté d'une réelle cécité »*, mais il a utilisé des jumelles pour être sûre d'être ce que les géopolitistes Friedrich Ratzel et Karl Haushofer appellent le *« heartland »* (le centre névralgique de la puissance)[3] de la gestion politique et surtout normative du sport depuis lors. Cet état relationnel entraine des rapports essentiellement conflictuels entre les deux acteurs en présence au Cameroun. Ce qui donne à l'État un comportement de résistant à travers l'érection et la mise en œuvre d'une politique juridique sportive très volontariste qui, à des moments donnés, se chevauchent intimement.

L'interaction entre cet ordre sportif international et l'ordre sportif étatique est sujette aux résistances de l'ordre juridique de l'État à travers les dynamiques centrifuges ascendantes cherchant à porter l'État au centre de tout en matière sportive au Cameroun et ensuite les logiques centripètes descendantes cherchant à faire tourner tout autour du droit sportif de l'État par les mécanismes de toute nature.

Le sport en tant qu'activité sociale est encadré par l'État, soit par la publicisation ou la privatisation, peu importe la modalité choisie, ce sont les règles juridiques qui organisent les rapports entre l'État et le sport. La production normative est un élément permettant d'identifier la posture de l'État vis-à-vis du sport, le Cameroun en la matière, à une production normative sportive intéressante à analyser. La politique juridique sportive est au centre des dynamiques centripètes[4] entre le

---

[2] P.-F. Gonidec et A. Bourgi (Sous la Dir.), *L'État africain*, LGDJ, Tome VIII, 2e ed, Paris, 1985, 362 p.

[3] A. Chauprade, *Introduction à l'analyse géopolitique*, Ellipse, Pais, 1999, 291 p.

[4] A. Rey et J. Rey-Debove (sous la Dir.), *Dictionnaire alphabétique et analogique de la langue française*, nouvelle édition revue et corrigée,

comportement du législateur sportif (Première partie) , et les problèmes d'applicabilité de ladite législation sportive au Cameroun (Deuxième partie) ; permettant d'en isoler les éléments de contenu.

1990, p. 274. Il nous renseigne que le mot centripète vient du latin *centrum* signifiant *« qui tend vers le centre, à rapprocher vers le centre »*, en d'autres termes il est question de présenter le comportement du Cameroun dans l'interaction normative entre sa *lex sportiva* et *lex sportiva* internationale.

PREMIÈRE PARTIE

LE COMPORTEMENT DU LÉGISLATEUR SPORTIF CAMEROUNAIS DANS SA PRODUCTION NORMATIVE

L'essence d'une politique juridique est de camper l'univers des comportements possibles d'un législateur (public ou privé), afin de savoir quelle téléologie se dégage du cadre juridique adopté par ce dernier dans les domaines variés. Le temps est une variable importante dans l'analyse des mutations et transformations d'un législateur, dont l'activité essentielle est soumise aux aléas de la mondialisation du droit.

Si les foyers normatifs s'intensifient dans cette logique réticulaire du droit, les rapports de forces, la loi de l'offre et de la demande, l'histoire, influencent le sens de la production normative d'une entité sociologique. Le Cameroun faisant partie de la société globale ne reste pas en marge de cette construction du monde et de son influence dans l'encadrement de l'activité sportive.

Le comportement de l'État du Cameroun dans l'adoption d'une législation nationale en matière sportive est intimement lié à l'évolution politique du pays dans le temps et aussi aux fluctuations de ses rapports avec les organisations sportives internationales qu'il a intégrées dès son accession à l'indépendance.

La politique juridique sportive de l'État du Cameroun épouse les dynamiques complexes, qui, des indépendances à nos jours, ont connu beaucoup d'oscillations, il y'a eu la période du « service public normatif » du sport et l'ère contemporaine du partenariat normatif (I), qui augure la prégnance de la *lex sportiva* nationale (II).

CHAPITRE I :

DE LA PÉRIODE DU « SERVICE PUBLIC NORMATIF » DU SPORT AU CAMEROUN (1960-1990) À L'ÈRE DU PARTENARIAT NORMATIF (DE 1990 À NOS JOURS)

S'il faut rappeler que l'activité administrative vise à satisfaire l'intérêt général, elle prend pour ce faire la forme de service public et de police administrative. Si la police administrative permet de délimiter le cadre de l'activité privée, de la contrôler ou encore de la surveiller. Le service public quant à lui, augure la prise en charge directe ou la délégation sous le contrôle de l'État de la réalisation de l'intérêt général à travers des prestations d'organismes ou instances. Ces prolégomènes nous font comprendre que l'État n'assure pas seul la gestion de l'ensemble des activités liées à l'Administration. En dehors de la gestion directe ou par les collectivités territoriales décentralisées, il peut en cas de nécessité déléguer la gestion à un organisme (public ou privé).

Le service public du sport sur un territoire national rentre dans cette catégorie de préoccupations. Car l'État du Cameroun a légiféré sur la matière et délégué la gestion à des organismes de droit privé (les fédérations sportives, même si l'on ne voit aucun acte formel de délégation de service public). Il faut souligner que si la gestion de l'activité sur le territoire est privée, la production normative en la matière reste la prérogative exclusive de l'État du Cameroun.

Le Cameroun ayant nouvellement accédé à l'indépendance a pérennisé le système managérial de l'ancienne puissance occupante[5] à savoir que l'Administration s'occupe de tous les aspects de l'activité nationale, dont le sport. Reprenant cette posture de centralisation de la gestion des activités nationales, le Cameroun de 1960 à nos jours a conforté et amélioré cette structuration qui a permis de parler alors de service public du sport en Afrique au lieu de service public de l'éducation physique et sportive comme c'était le cas sous d'autres cieux.

La gestion du sport par l'État camerounais épouse souvent les atavismes culturels[6], les particularités politiques[7]. En clair, la socio-anthropologie étatique *sui generis* de cette aire géographique. Il n'en demeure pas moins que le parcours dans cette gestion du sport par le Cameroun depuis 1960 est fortement pénétré par les transformations de l'environnement international qui opère une déconstruction-reconstruction au gré des fluctuations d'allégeances idéologiques mondiales.

Depuis l'indépendance du Cameroun à nos jours il y a eu une mutation dans le contenu entrainant une innovation comportementale des acteurs de ce service public du sport en matière d'élaboration des normes. La prégnance de l'exécutif (I) et le partenariat (II) avec le mouvement sportif structurent les fluctuations comportementales du législateur sportif camerounais entre 1960 à nos jours avec l'année 1990 comme moment de changement paradigmatique.

---

[5] P. Bouche et M. Kaach, *« Existe-t-il un 'modèle sportif' dans les pays africains francophones ? »*, STAPS, n° 65, 2005, pp. 7-26.

[6] D. C. Kemo-Keimbou, « Le sport, le politique et l'État au Cameroun : le paradoxe d'une institutionnalisation ».

[7] E. Mbengalack, *La gouvernementalité du sport en Afrique, le sport et la politique au Cameroun.* Lire aussi R. Poli et P. Dietschy, « La politique du football africain : entre immobilisme et extraversion », *Politique africaine*, n°102, 2006, pp. 173-187.

I. La prégnance de l'exécutif dans le « service public normatif » du sport au cameroun

Sa prépondérance dans la confection du droit (A) et sa consécration comme puissance normative (B) en matière sportive font de l'exécutif le véritable législateur de la *lex sportiva* nationale au Cameroun.

I.1. La place prépondérante de l'exécutif dans la confection des normes sportives nationale (*lex sportiva* nationale)

Pour Gaston Geze[8] le service public obéit à une dualité conceptuelle qui l'encadre d'une part au sens fonctionnel à la satisfaction des besoins d'intérêt général, le contrôle de la puissance publique et d'autre part au sens organique à se référer à une personne juridique ayant reçu la gestion d'un service public (l'activité)[9]. Convenons tout de même, en droit français, que c'est Léon Duguit qui donne à la notion de service public toute sa charge herméneutique, en traçant les contours de la *théorie générale de l'État*[10] dans ses travaux. Il fonde ce service public sur le rocher de l'intérêt général comme but ultime de l'action étatique, cet intérêt général dont Georges Vedel a contribué à construire[11] du contenu substantiel.

La notion d'intérêt général est si intimement liée à celle de service public que pour l'auteur, elle en est le moteur. Le service public est donc assuré pour garantir l'intérêt général par des personnes morales de droit public

---

[8] G. Jèze, « L'influence de Léon Duguit sur le droit administratif français », in *Archives de philosophie du droit*, 1932, pp. 135-151.

[9] G. Jèze, « Le dogme de la volonté nationale et la technique politique », in *Revue de droit public*, 1927, p. 165.

[10] L. Duguit, *Traité de droit constitutionnel. Théorie générale de l'État*, E. de Broccard, 1928, 888 p.

[11] G. Vedel, *Droit administratif*, Paris, PUF, coll. « Thémis », 1958.

principalement ou alors par des particuliers, des entreprises privées ou encore des personnes morales de droit privé, sous le contrôle et même très souvent l'aide de la puissance publique ; cette dernière est une modalité indirecte d'organisation du service public.

Sous l'expression *« service public du sport en Afrique »* que François Dikoumé a utilisée s'agglutinent les préoccupations de beaucoup d'auteurs africains ayant analysé les rapports entre le sport et l'État au Cameroun[12].

C'est pourquoi nous avons pensé que la politique normative est aussi structurée par la politique pratiquée par l'État à l'égard du sport. Il s'en suit alors que dans l'application du service public du sport au Cameroun, l'État ne pouvait qu'offrir une politique juridique sportive épousant les caractéristiques d'un service public d'où l'expression « *service public normatif* » que nous allons utiliser pour caractériser cet état des choses.

Deux variables fondamentales structurent la constitution du contenu de la notion de service public du sport en Afrique. En effet, le contenu du service public du sport en Afrique pouvait faire l'objet d'une identification matérielle autour de « *l'institutionnalisation* » et « *la gestion directe* » par l'État. On comprendra par un effet de *« spill over »*[13] que le service public normatif soit structuré aussi par ces deux moments.

---

[12] Y. Fatés, *Sport et Tiers-monde*, Paris, op. cit. F. Dikoume, *Le service public du sport en Afrique : L'exemple du Cameroun*, op. cit., p. 12. ; E. Mbengalack, *La gouvernementalité du sport en Afrique, le sport et la politique au Cameroun,* op. cit., p. 56 ; D.-C. Kemo-Keimbou, « Le sport, le politique et l'État au Cameroun : Le paradoxe d'une institutionnalisation », op. cit., p. 42. Lire aussi D. Gueye, *Le service public du sport au Mali*, op. cit., p. 54.

[13] Notion signifiant effet d'entrainement ou alors plus communément « effet domino », qu'utilise les fonctionnalistes, confère D. Mitrany, *A*

L'*institutionnalisation* amène l'État à créer des structures de gestion et des infrastructures pour la pratique du sport. En ce qui concerne les structures, constatons que l'organisation de l'olympisme au Cameroun[14] s'est construite autour de la mise en place progressive des fédérations sportives nationales, de la création des Comités nationaux olympiques et de leurs affiliations par l'État aux fédérations sportives internationales.

Il faut néanmoins relever que dans certains pays, des services des ministères en charge du sport pouvaient souvent faire office de structures qui gèrent une discipline particulière, c'est le cas du football au Cameroun[15] pendant une certaine période. La mise en œuvre des fédérations nationales toujours contrôlées au début par les cadres fonctionnaires des ministères en charge du sport démontrait selon l'analyse de Jean-Pierre Augustin[16] que l'État marque sa présence active dans la gestion sportive.

L'affiliation de ces fédérations nationales et comités nationaux dans les instances sportives internationales relève de deux logiques de choix : d'abord une logique rationnelle visant à la participation aux compétitions internationales qu'augure la qualité de membre de ces organisations et ensuite d'une logique géopolitique[17] qui amène les États à comprendre qu'à travers le sport une

---

working Peace System, Chicago, *Quadrangle Books*, 1966 (Première édition en 1944).

14 D.-C. Kemo-Keimbou, « L'impact de l'olympisme au Cameroun (1960-1996). Émergence et évolution d'une culture olympique en Afrique noire. », op. cit., p. 5

15 E. Mve Elemva, *Le livre blanc du football camerounais*, op. cit., p 67.

16 J.-P. Augustin, « Sport en Afrique Noire. Développer les recherches sur les institutions, les pratiques et les aménagements sportifs », op. cit., p. 106.

17 D. Maliesky, « De Coubertin à Samaranch : la diplomatie du CIO », *Pouvoirs et Sport,* n°61, PUF, Paris, 1992.

vitrine de visibilité et de lisibilité internationale leur est offerte.

Mieux encore, le sport peut leur permettre pour un moment de rivaliser sur une *« plaine de souveraineté »*[18] avec les autres[19], potentiellement plus puissants sur les plans économique, militaire ou politique. Le temps d'une rencontre sportive, un équilibre illusoire existe.

La *« gestion directe »*[20] nous installe dans le mode de gouvernance du sport au Cameroun, nonobstant l'ambigüité[21] et les manœuvres [22]dolosives qu'emprunte cette dernière.

En effet, analysons la *lex sportiva* de l'État du Cameroun, et pour ce faire référons-nous au tableau suivant, des différentes règles répertoriées de manière non exhaustive, car prétendre à l'exhaustivité dans cette matière serait difficile parce que les règles sont disparates et les archives incomplètes.

---

[18] R.-J. Dupuy, *Le Droit international,* 7e édition, op. cit., p. 74.

[19] P. Boniface, *La terre est ronde comme un Ballon : Géopolitique du Football*, Seuil, Paris, 2002.

[20] F. C. Dikoume et P. Kosyakbe, « Les rapports entre l'État du Cameroun et la Fédération internationale de football association (FIFA) », op. cit., pp. 11-15.

[21]P. Nkou Mvondo, *Le football camerounais en péril*, op. cit., pp. 198 et s.

[22] J. L. Nang, *Desperate football house*, op. cit., p. 145.

Tableau 1 : Présentation (non exhaustive) de la *lex sportiva* de l'État du Cameroun

Autorité signataire	Nombre		Typologie normative	Objet juridique	Période d'adoption
Acte des Hauts-Commissaires.	**5**		Arrêtés	Organisation et fonctionnement de l'Éducation physique et sportive (EPS)	1949-1955
Actes du Président de la République.	**66**	**10**	Lois	Lois-cadres sur l'organisation de l'activité physique et sportive (APS) et la liberté d'association.	1962-2018
		50	Décrets	Organisation du ministère en charge du sport, nomination des ministres, créant les Institutions sportives	1960-2005
		6	Arrêtés	Organisation et fonctionnement de certaines formations sportives et institutions	1963-1973
Premier ministre	**5**	**2**	Décrets	Sur la FENASCO (Fédération des sports scolaires) FENASU	2012
			Arrêtés	Volume horaire et coefficient des épreuves	2008-

		2		d'EPS et PENDIS (programme national de développement des infrastructures sportives)	2012
		1	Décisions	Fenasco	2010
Actes des ministres chargés du Sport	**30**	**18**	Arrêtés	Organisation technique de l'EPS et des APS	1963-2006
		1	Circulaire	Application du décret n°67/DF/503 du 21 novembre 1967	1967
		1	Instruction ministérielle	Équipe d'organisation de la jeunesse et de l'animation	1979
		10	Décisions	Dopage et organisations diverses du football	2001-2012

Source : l'auteur

Il découle de manière non exhaustive que 106 règles juridiques sportives ont été adoptées par l'État camerounais, à travers les représentants de divers pouvoirs (législatif, exécutif) de 1960 à nos jours, c'est-à-dire en un peu plus de 60 ans, donnant ainsi une moyenne générale de 2,1 règles normatives sportives créées par an. C'est une intensité que l'on ne retrouve pas dans d'autres secteurs de la vie normative du Cameroun. Si en cinquante ans, un État a une moyenne annuelle de deux règles juridiques consacrées par an dans une matière donnée, cela signifie que celle-ci constitue une attribution à haute intensité et densité réglementaire ; démontrant par ce fait l'importance ou l'attention particulière de ce secteur d'activité pour le pouvoir exécutif. Une étude comparative avec d'autres pays aurait sans doute permis d'apprécier le degré d'intensité normative au plan comparatif. Mais cette analyse au niveau interne seule nous permet de constater la densité de l'action normative de l'État du Cameroun en matière sportive.

Remarquons aussi que cette production normative sportive est exclusive pour l'État qui, dans l'élaboration et l'adoption, ne prend pas la forme de la concertation paritaire avec les auteurs importants de l'activité sportive nationale, ou alors des formes juridiques plébiscitant la consultation populaire (référendum). Ces règles sont essentiellement issues de l'appareil conceptuel administratif et institutionnel de l'État et n'obéissent qu'au seul intérêt de l'État pas très souvent en cohérence avec les aspirations de la communauté sportive nationale dans son ensemble.

Constatons aussi par les résultats que confesse le tableau ci-dessus que les actes directs[23] représentent un pourcentage important de la politique juridique sportive nationale au Cameroun, cela en comparaison avec le pourcentage de lois sur ledit sujet. Ce qui démontre la prégnance du pouvoir exécutif sur le pouvoir législatif dans la production normative sur le sport au niveau

[23] Décrets, Arrêtés, Instructions et Circulaires

national et dans l'orientation stratégique de la structuration de la politique juridique sportive nationale.

Ce tableau confirme aussi *l'interventionnisme exclusif* et la *gestion directe* par l'État à travers les normes sportives de l'activité sportive dans les limites territoriales de l'État. En effet, pendant cette période, les autres acteurs du sport (administratifs, sportifs, et associations sportives nationales) n'ont pas le droit d'intervenir dans l'activité de création du droit en matière sportive au Cameroun. Ils sont spectateurs du législateur unique et exclusif qu'est l'État ; d'où la nécessité de se pencher sur les auteurs de cette intense activité de création normative en matière sportive au Cameroun particulièrement.

Schéma n°1 : Les auteurs de la *lex sportiva* étatique au Cameroun

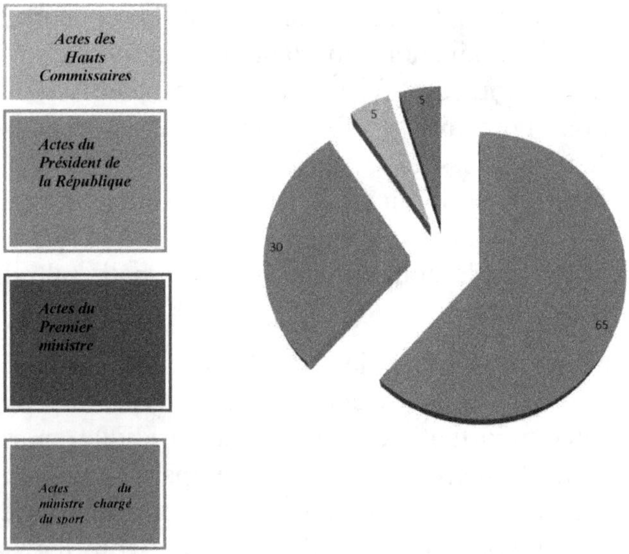

Source : l'auteur

Le décryptage de ce croquis révèle en ce qui concerne les auteurs de cette *lex sportiva* nationale que le Président de la République en est la force centripète. Plus prosaïquement, il est « *l'alpha et l'oméga* » de cette création normative ; car depuis 1960, le Président de la République est le signataire de 65 actes normatifs sportifs sur les 106 actes recensés de manière non exhaustive, ce qui donne un pourcentage de 61,9 %.

Ce pourcentage important démontre la place prépondérante qu'occupe la Présidence de la République et plus précisément encore le Président de la République qui n'hésite pas à s'investir personnellement dans la gestion des questions sportives nationales[24]. Par exemple, la deuxième commission de relecture des textes sur le football s'est tenue en 2004[25], elle a été prescrite par un Décret présidentiel du 23 avril 2004 à la suite des sanctions internationales qu'avait infligées la FIFA au Cameroun[26]. Celle-ci portait essentiellement sur les conditions de transparence administrative, financière et successorale à la présidence de la Fécafoot[27].

---

[24] La sélection du joueur Albert Roger Milla pour la Coupe du Monde 1990 en Italie, pour laquelle le Président de la République aurait joué un rôle prépondérant selon la littérature de certains auteurs camerounais (P. Nkou Mvondo, J.-A. Bell, etc.).

[25] Appelée la Commission Nguewa Omer, car présidée par le Dr Nguewa Omer, pour analyser les statuts de la Fecafoot et aussi la Charte des sports au Cameroun, *Quotidien national bilingue d'information, Cameroon tribune* du 11 mai 2004.

[26] Par un communiqué laconique de six lignes, la FIFA confirme la sanction de 200 000 francs suisses et une déduction de six points applicable lors des éliminatoires de la Coupe du monde 2006 à l'encontre de la fédération camerounaise pour la non-conformité des maillots de l'équipe nationale. La Commission de Recours, réunie à Zurich le vendredi 12 mai 2006, avait rejeté l'appel du Cameroun.

[27] Rapport de la Commission Dr Nguewa Omer remis au ministre des Sports de l'époque Etame Massoma, Quotidien national bilingue d'information Cameroon tribune du 14 juillet 2004.

L'intervention de la Présidence de la République est la preuve qu'il y a une attention particulière de cette autorité sur le fonctionnement et l'organisation du sport en général. Cette force centripète cristallise l'action et la réaction normatives des autres acteurs à cause du système politique au Cameroun qui est foncièrement présidentialiste. Dans ce dernier, l'institution présidentielle donne toutes les impulsions et contrôle la mise en œuvre des politiques publiques diverses.

Si cette posture autour du Président de la République structure la production normative en matière sportive, on pourrait attendre que l'effet soit une cohérence normative dans ce domaine. Mais d'autres études ont démontré l'absence de cohérence de cet arsenal normatif[28]. C'est pourquoi il faut aussi affirmer que cette puissance hégémonique normative sportive de l'État inhibe considérablement les velléités normatives des autres acteurs, qui trouvent sur le fondement de cette coutume (*service public normatif*) qu'ils n'ont pas la faculté de créer le droit en matière sportive.

Suivant directement le Président de la République dans les démembrements de l'exécutif en matière de production normative sportive, le ministre en charge des Sports est le deuxième intervenant de la chaine au Cameroun. Depuis 1960, il a paraphé 30 actes juridiques sur les 106 recensés en matière sportive de manière non exhaustive. Cela augure un pourcentage de 28,57 % de la production normative pour le ministre du Sport. Cela démontre qu'après le Président de la République, il a un rôle capital dans la production normative sportive. Ce qui est normal, car de par l'organisation administrative de l'État et les compétences

[28] A. C. Feze, *Les aspects juridiques du sport au Cameroun*, op. cit., p. 33. Lire surtout C. Bekombo Jabea, les normes sportives internationales face aux normes sportives des États, op. cit., pp. 88-90.

d'attribution conférées aux différents ministères pour mettre en œuvre les fonctions étatiques, le ministère en charge du Sport est compétent pour l'élaboration de la politique sportive et le contrôle de sa mise en œuvre par divers organes publics ou privés. Ce ministère apparait comme l'instrument opérationnel de la définition de la philosophie normative sportive de l'État du Cameroun dans son interaction avec les acteurs de divers ordres.

Enfin, nous avons l'ancien Commissaire du Gouvernement qui de 1949 à 1955[29] a pris quelques règles juridiques[30] pour organiser l'activité sportive, contribuant ainsi à hauteur de 4,7 % de la production normative étatique dans les mêmes proportions que le Premier ministre qui, par ses 5 actes, aussi renvoie à un pourcentage de 4,7 %. Cela se comprend parce que l'institution du Commissaire du Gouvernement s'est arrêtée avec l'indépendance du pays et le rôle de Premier ministre. Quoiqu'encré dans la vie politique camerounaise, il y a eu des périodes sans l'existence d'un poste de Premier ministre au Cameroun (on peut par exemple citer la période 1984-1992). Au demeurant, le Premier ministre occupe une portion congrue de l'animation normative exécutive en matière sportive au Cameroun, car il est noyé devant la puissance juridique exclusive du Président de la République et l'exercice de la compétence d'attribution par le ministre en charge du Sport.

Ces jeux d'acteurs révèlent que la production normative sportive au Cameroun est cadenassée par le duo Président de la République et ministère en charge des Sports, qui structurent par la densité et l'intensité de leurs actes, la politique juridique sportive nationale justifiant par là même la prégnance de l'exécutif sur ladite production normative.

---

[29] C'est-à-dire avant les indépendances

[30] 5 actes sur 105 comptabilisés de manière non exhaustive.

Au rebours de cette analyse du rôle des acteurs, qui a permis de par leurs titres, natures, qualités de comprendre leur emprise sur le phénomène du service public normatif sportif, il faut signaler que la typologie de cette *lex sportiva* nationale est importante, car elle permet de savoir si les représentants du peuple ont validé les choix de l'exécutif ou alors celui-ci est passé par l'*impérium* pour structurer le cadre juridique sportif national. Le graphique ci-dessus permet d'avoir une idée claire.

Graphique n°1 : Les typologies de la *lex sportiva* étatique au Cameroun

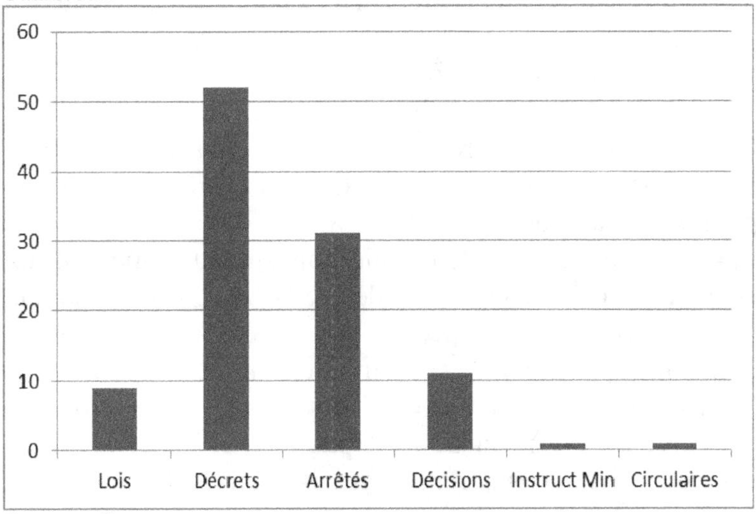

Source : l'auteur

Nous le constatons que depuis 1960, et cela de manière non exhaustive, pour un total de 106 actes sportifs adoptés, 9 lois, 52 décrets, 31 Arrêtés, 11 Décisions, 1 Circulaire et 1 Instruction ministérielle ont été pris.

Au sujet des lois, elles sont au nombre de neuf, soit un pourcentage de 8,5 % de l'ensemble de la production normative depuis cinquante ans. Autant signaler *ipso facto* que le recours à l'instrument législatif n'est pas la voie usuelle de l'exécutif dans son activité de *jus facere* en matière sportive au Cameroun. Les moyennes oscillant autour d'une règle toutes les décennies, renforce le sentiment de répulsion ou d'évitement de cette alternative dans la production normative sportive par le pouvoir exécutif. L'article 26 de la Constitution du Cameroun du 18 janvier 1996[31] n'exclut pas le sport du domaine de la loi, mais nous constatons une pénétration coutumière visant à normaliser l'activité régulière réglementaire dans ce domaine.

Cela reflète la captation par effet de mode d'un domaine qui pourtant relève de celui de la loi par les forces réglementaires. Cela peut susciter deux attitudes explicatives : d'abord, le pouvoir exécutif ne veut pas ou contourne le dialogue avec les représentants du pouvoir législatif, c'est-à-dire le peuple (députés), estimant que ces aspects relèvent de ce que Max Weber appelle l'autorité de la contrainte légitime. Enfin, le pouvoir législatif *propriam mutu* est incapable de proposer des initiatives législatives en la matière, ce qui se comprend, car l'organisation politique camerounaise comme dans beaucoup de pays d'Afrique subsaharienne est majoritairement constituée des représentants du peuple proche du pouvoir. Cela entraîne par voie de conséquence que ces chambres sont très souvent des caisses de résonnance de la vision du parti majoritaire (Président de la République), car la faculté d'initiative du représentant du peuple est relative[32].

---

[31] Constitution de la République du Cameroun, loi n°96/06 du 18 janvier 1996 portant révision de la constitution du 2 juin 1972. Article 26 (1) C-2 : le régime des associations.

[32] M. Aboya Endong, *Le député dans l'action parlementaire : Essai sur la professionnalisation du travail parlementaire au Cameroun,* Éditions universitaires européennes, 2011, 404p.

Cette dernière attitude relativise les velléités d'action de ces chambres. En France par exemple à titre de droit comparé, on a eu depuis 1975 en matière de sport : la loi du 29/10/1975 dite loi Mazeaud (abrogée), la loi du 16/07/1984 dite loi Avice, loi du 13/07/1992 dite loi Bredin, la loi du 28/12/1999, la loi du 6/07/2000 dite loi Buffet et la loi du 1er août 2003 dite loi Lamour ; c'est-à-dire en 37 ans, 6 lois sur le Sport avec un pourcentage approximatif d'une loi toutes les décennies. « *L'irréductible État souverain* » élabore son ordre juridique national singulier partout dans le monde, cette fonction est considérée comme l'essence même de l'État qui doit garder à travers elle le « *monopole de la contrainte légitime* ». Il est dans cette logique « naturel » qu'aucune matière n'échappe à la réglementation étatique, le sport ne devrait pas faire exception et doit être régi selon cette conception par l'ordre juridique national.

À propos des Décrets, nous en avons 52 sur 106 depuis 1960, augurant un pourcentage de 49,5 % ce n'est sûrement pas la majorité absolue, mais c'est presque la moitié de l'activité normative qui porte l'estampille du pouvoir réglementaire qui est issue des autorités détenant le pouvoir exécutif. Les Arrêtés au nombre de 31 sur 106 préfigurent un pourcentage de 29,5 % de ces actes issus aussi du pouvoir réglementaire, mais d'un niveau infradecrétal. Sont aussi assimilées à cette même catégorie, les décisions au nombre de 11 sur 106, donnant droit à un pourcentage de 10,4 %. Complété par 1 circulaire et 1 instruction interministérielle représentant chacune un pourcentage de 0,9 %. L'ensemble des normes issues de la nomenclature nominative de divers actes du pouvoir exécutif augure un pourcentage global de 91,5% de la production normative globale depuis 1960.

Les chiffres qui viennent d'être analysés démontrent clairement qu'au Cameroun, la *lex sportiva* nationale quand on considère la typologie normative émane exclusivement de l'État (91,5%). Cela justifie son interventionnisme exclusif. Ce volontarisme normatif de l'État au Cameroun professé, il faut néanmoins confesser qu'il s'adosse sur le fonctionnement politique qui fait du Président de la République la plaque tournante des diverses activités.

I.2. La consécration de la puissance normative de l'exécutif sur la *lex sportiva* nationale

Ce volontarisme normatif sportif du Cameroun, ou encore cette prégnance normative ne se limite pas seulement aux organisations et structurations normatives internes au pays. L'État camerounais s'engage sur le plan international dans le domaine du sport sans craindre pour sa souveraineté. Il existe sous ce prisme quelques engagements internationaux du Cameroun en matière sportive qu'il semble important d'analyser maintenant, afin d'éprouver les lignes de démarcation de cette construction volontariste de l'activité normative en matière de sport. Le tableau suivant s'évertuera à recenser de manière non exhaustive[33] les accords et contrats internationaux de l'État du Cameroun en matière sportive et va nous permettre d'analyser le versant international de cette posture.

Le Cameroun a signé la Charte internationale de l'Éducation physique et du Sport de l'UNESCO de 1978, la Déclaration de Copenhague contre le Dopage dans le Sport, *la Charte de bonnes relations entre les États et les Fédérations nationales et internationales*[34], la Convention

[33] Problèmes de disponibilité d'archives fiables.

[34] Charte de bonnes relations entre les États et les Fédérations nationales et internationales du 07avril 2005, Préambule, « *L'organisation du sport repose sur des structures étatiques et des structures sportives aux tâches plus ou moins clairement spécifiées*

internationale contre le Dopage dans le Sport de l'UNESCO 2006, le Code mondial antidopage du 1er janvier 2009.

Tableau 2 : Engagements conventionnels nationaux et internationaux en matière sportive de l'État du Cameroun (liste non exhaustive)

Parties contractantes	Typologie Normative internationale	Nombre	Objet juridique	Période d'adoption
Cameroun-Chine Cameroun- maroc cameroun-nigeria cameroun-senegal cameroun-cote d'ivoire	Convention bilatérale	5	Accords pour le développement de l'EPS et des infrastructures	2004-2012
Partenaires multilatéraux	Convention multilatérale	5	Charte des bonnes relations, charte sur l'EPS et les accords contre le Dopage	1978-2009
Ministère des Sports- Fecafoot-FIFA	Contrats internationaux	1	Consensus de Zurich	2004
Ministère et Fécafoot	Contrat national	1	Convention MINJES-Fecafoot	2005

Source : l'auteur

À l'observation, on peut constater que l'État du Cameroun est engagé dans des accords internationaux de type bilatéral avec d'autres États comme le Maroc, le

par des textes législatifs et réglementaires. De ce fait, l'établissement de relations de confiance et de coopération entre les États et Gouvernements d'une part et les structures du mouvement sportif national et international d'autre part ne peut que favoriser le développement harmonieux du sport, au bénéfice en particulier de la jeunesse sportive. », Voir le contenu en Annexe.

Nigéria et la Chine, trois pays reflétant la coopération sud-sud et surtout un partenariat fructueux avec la Chine pour les besoins d'infrastructures. Au niveau international, le Cameroun s'est engagé dans les conventions multilatérales, ce qui démontre que ce pays peut s'inscrire aussi dans une logique multilatérale d'engagements normatifs.

Aussi doit-on souligner une autre catégorie conventionnelle d'engagement de l'État qui ne s'inscrit pas dans ce qu'il convient d'appeler les traités ou accords internationaux, conformément à l'article 2[35] alinéa 1(a) de la Convention de Vienne sur le droit des traités de 1969, restreignant ce qualificatif onomastique aux instruments juridiques entre « États » : ce sont les contrats internationaux.

En effet, David Ruzié[36] professe qu'un contrat international a pour spécificité la réglementation d'un domaine particulier entre un acteur de droit international public et un acteur privé. La convention MINJES-Fecafoot et le Consensus de Zurich peuvent valablement être classés dans le cadre des contrats internationaux que l'État du Cameroun a conclus avec les acteurs répondants à la classification faite par David Ruzié dans sa clarification du concept de contrat international. Cela démontre que l'État prend en compte d'autres acteurs.

Cette intimité entre le sport et la politique avait fait écrire à Elias Mbengalack qu'il y avait une utilisation instrumentale des victoires sportives à des fins politiques

---

[35] *« L'expression « traité » s'entend d'un accord international conclu par écrit entre États et régi par le droit international, qu'il soit consigné dans un instrument unique ou dans deux ou plusieurs instruments connexes, et quelle que soit sa dénomination particulière ».*

[36] D. Ruzie, *Droit international public*, Dalloz, Paris, 18e éd, 2006.

au Cameroun, justifiant les attentions particulières[37]. Quand il s'agit de football, l'attention est au firmament. En effet, cette discipline captive l'activité normative de l'État camerounais en matière sportive.

Au sujet du football[38], on peut dire que l'idée de *gestion directe* qui côtoyait *l'interventionnisme exclusif à travers le* Décret 72/600 du 31 octobre 1972 a laissé place à la *cogestion* et à un *contrôle permanent de l'État* avec le Décret n°2014/384 du 26 septembre 2014 portant organisation et fonctionnement des sélections nationales de football du Cameroun qui abroge l'ancien décret en son article 22[39]. En effet, rappelons brièvement pourquoi le décret n°72/600 abrogé inspirait la gestion directe et l'interventionnisme exclusif de l'État en présentant quelques dispositions essentielles de ce décret et ses additifs, d'abord l'article 9 dispose :

> *« tout engagement de l'Équipe nationale à une compétition internationale est subordonné à l'approbation préalable du ministre chargé des sports » ;*

L'article 8 dudit décret dispose :

> *« l'équipe nationale dispose d'un budget de fonctionnement annuel alimenté par :-des subventions de l'État ;-des subventions de l'office national des sports » ;*

---

[37] Réception de Samuel Eto'o fils par le Premier ministre de la République du Cameroun sur très Hautes Instructions du Chef de l'État peut-on lire dans le quotidien gouvernemental *Cameroon Tribune* du 27 septembre 2012.

[38] Seule discipline faisant l'objet d'une attention législative particulière au Cameroun.

[39] Article 22 du Décret n°2014/384 du 26 septembre 2014 portant organisation et fonctionnement des sélections nationales de football du Cameroun « *Seront abrogées toutes les dispositions antérieures au présent décret, notamment, celles du décret n°72/600 du 31 octobre 1972 portant organisation de l'Équipe nationale de Football, ensemble ses modificatifs et textes subséquents.* »

L'article 10 dudit décret dispose :

> *« des demandes d'autorisation d'absences des joueurs de l'équipe nationale auprès des employeurs relèvent de la compétence du ministre chargé des sports sur proposition de l'entraîneur national-sélectionneur» ;*

L'article 11 dudit décret quant à lui dispose que:

> *« la fédération camerounaise de football est chargée de l'exécution des sanctions disciplinaires prises à l'encontre des joueurs par la commission technique nationale conformément aux dispositions de l'article 19 » ;*

Prenons enfin l'article 3 du décret n°76/456 du 11 octobre 1976 portant additif au décret n°72/600 du 31 octobre 1972 portant organisation de l'équipe nationale qui dispose :

> *« le montant des primes prévu à l'article 2 du présent texte est fixé dans chaque cas par le ministre chargé des sports compte tenu des crédits disponibles et payables sur présentation d'un état certifié par l'entraîneur chargé de l'encadrement de l'équipe nationale sportive intéressé ou club assimilé » ;*

Il ressortait des dispositions des actes réglementaires sur l'équipe nationale du Cameroun en vigueur à l'époque que l'unique rôle de la Fecafoot est d'exécuter les sanctions disciplinaires prises à l'encontre des joueurs par la commission technique nationale conformément aux dispositions de l'article 19 du Décret suscité. Par ailleurs, c'était le ministre en charge des sports qui fixait les primes des joueurs de l'équipe nationale. Or à ce propos, l'article 2(b) des Statuts de la FIFA[40] couplé à l'article 17 sur l'indépendance des organes de gestion nationale, faisait savoir clairement que l'équipe nationale est gérée par cette dernière. Mais à l'époque au Cameroun, le Décret 72/600 professait une certaine prégnance de l'État à travers le rôle

---

[40] « *La FIFA a pour but : b) d'organiser les compétitions internationales* », voir l'extrait en Annexes.

prépondérant du ministère en charge des sports dans les différentes articulations du fonctionnement de l'équipe nationale.

La question fondamentale que l'on peut se poser est de savoir pourquoi un texte national sportif empiète sur le domaine d'un texte d'une organisation dans laquelle cet État a affilié son association nationale ? C'est la situation spécifique du Cameroun parce que les règles pour définir la politique sportive nationale sont empreintes de beaucoup d'interférences avec celles de leurs organes d'affiliation.

On le constatait à l'époque et pour certains auteurs[41] qui avaient analysé les rapports entre les deux institutions au Cameroun, il y'a une véritable « *gestion directe* » de l'État sur l'équipe nationale de football à travers ses normes sportives nationales[42]. Même s'il faut convenir avec certains auteurs[43] que la gestion directe du football camerounais par les autorités de l'État est ponctuelle en période de crise entre l'organe faîtier national et ces autorités, il n'en demeure pas moins que ce sont des dispositions légales nationales contraires aux dispositions

---

[41] F.-C. Dikoume et P. Kosyakbe « Les rapports entre l'État du Cameroun et la Fédération internationale de football association (FIFA) ». Lire aussi L-T. Dimi, *Aspects juridiques et sociologiques des relations entre États et ONG transnationales de sport : le cas du Cameroun et de la FIFA*.

[42] P. Mbailassem Beral, Les relations entre le ministère de la Jeunesse et des Sports et les instances internationales de sport.

[43] F.-C

Dikoume et P. Kosyakbe, op. cit., p. 198 : « *Mais, il faut tout de suite relever que la gestion directe et quasi exclusive du football camerounais par les autorités de l'État intervient très souvent en période de crise. Elle est une gestion ponctuelle et trouve sa justification plutôt dans la volonté de l'État d'éviter des blocages dans la gestion du football par la Fecafoot* ».

sportives internationales nonobstant les crises qui sont conjoncturelles.

Il est question de rappeler que l'équipe nationale n'est pas engagée dans les compétitions nationales sportives où l'État a une compétence organisationnelle. L'équipe nationale participe à *« une compétition internationale »* organisée par les normes d'une organisation sportive internationale. Cette organisation sportive internationale donne à l'association nationale, leur seul représentant, la compétence d'organiser ces compétitions internationales en leur nom et pour leur compte. Elles ne reconnaissent pas les États comme acteurs de l'organisation locale de leurs compétitions. Dès qu'on parle de *« compétition internationale »*, une structure représentant l'État n'a pas compétence organisationnelle, mais l'article dit *« tout engagement de l'Équipe nationale à une compétition internationale est subordonné à l'approbation préalable du ministre en charge du sport »*. Nous le voyons bien, il y'avait une incursion des normes sportives étatiques du Cameroun dans le domaine exclusif des normes sportives internationales. Cette gestion directe est saupoudrée d'un interventionnisme étatique qui rejaillit des dispositions des normes sportives nationales du Cameroun.

« *L'interventionnisme exclusif* » se distinguait de « *la gestion directe* » en ce que dans la gestion directe, l'État se définit par ses normes comme un acteur de l'organisation matérielle des compétitions internationales. Dans l'interventionnisme, il y a le sentiment de consacrer normativement des droits non reconnus à l'État en matière de sport, alors qu'on pouvait se passer de sa consécration juridique. Deux cas illustreront notre posture sur la question de l'interventionnisme exclusif : une disposition de la Charte des APS abrogée et une disposition d'une convention entre le ministère des Sports et la Fecafoot. La première citée disposait alors en son article 4 que:

« (1) l'État concourt à la promotion des activités physiques et sportives ainsi que du sport de haut niveau, en liaison avec les collectivités locales, les personnes morales de droit public ou de droit privé, les fédérations ou associations sportives et les institutions à caractère social et/ou éducatif ;

(2) l'État garantit la création de groupements destinés à la pratique des activités physiques et sportives. Il participe, en tant que de besoin, à la formation et au perfectionnement des activités physiques et sportives, ainsi que du sport de haut niveau ».

Cet article était symptomatique de l'interventionnisme ; pourquoi l'État devait-il participer « *en tant que de besoin* » à la formation et au perfectionnement des activités physiques et sportives, ainsi que du sport de haut niveau ? Que faisaient les fédérations nationales affiliées aux fédérations internationales et leurs experts techniques ? Était-ce le rôle de l'État de dire que telle fédération a besoin de perfectionnement ou de formation ? Quelles étaient à l'époque dudit texte les bases techniques que l'État pouvait utiliser pour constater ce « *besoin de formation et de perfectionnement* », sans une immixtion ou un empiétement préalable dans le domaine réservé des règles techniques ? La lecture de l'alinéa 2 de l'article 4 du texte abrogé confirme que l'État était dans ce qu'on peut qualifier d'interventionnisme, c'est-à-dire un acte sur lequel il n'avait pas besoin de légiférer. Dans ce cas, c'était pour l'époque une immixtion latente sur les règles techniques, propriété exclusive du pouvoir sportif que l'interventionnisme se réalise.

Le deuxième cas est un texte intitulé, Convention ministère de la Jeunesse et des Sports et Fédération camerounaise de football du 18 décembre 2000. Il avait été pris sur la base des textes juridiques intérieurs du

Cameroun[44]. C'est une Convention entre le ministère en charge du Sport et la Fédération camerounaise de football portant sur la gestion de l'équipe nationale. Cette convention avait été adoptée en considération de ce que :

> *« le ministère de la Jeunesse et des Sports est chargé de la définition et de la mise en place de la politique sportive nationale ;*
>
> *l'Équipe nationale revêt un caractère public ;*
>
> *la FECAFOOT, structure de gestion du football participe à l'exécution d'une mission de service public et de ce fait exécute la politique sportive définie par l'État ;*
>
> *Qu'en raison de leur intérêt commun pour la promotion du sport en général et du football en particulier, il est convenu ce qui suit ... » ;*

L'article premier de cette Convention stipule que :

> *« la présente convention a pour objet de déterminer les obligations de chaque partie à l'occasion des rencontres engageant les Équipes nationales de football et assimilées aux compétitions internationales ».*

À la lecture de cette Convention, on se rend compte que comme dans les autres textes analysés, le ministère en charge du sport joue un rôle prépondérant dans l'organisation de cette tâche spéciale (*concernant la convention*) dont l'article 2[45] reprenait *in extenso* les dispositions de l'article 9 du décret n°72/600 qui a été abrogé.

---

[44] Constitution, Charte abrogée des APS de 1996, décret organisant le gouvernement du 07 décembre 1997, du Décret de 1996 organisant le ministère de sport et du décret 72/600 organisant l'équipe nationale.

[45] Article 2 de la Convention MINJES-FECAFOOT du 18 décembre 2000 « *conformément aux dispositions de l'article 9 du Décret n°72/600 du 31 décembre 1972 susvisé, « tout engagement de l'Équipe nationale à une compétition internationale est subordonné à l'approbation préalable du ministre chargé des sports* ».

La question qu'on peut se poser à cette étape de la réflexion est celle de savoir s'il faut une Convention pour répartir les recettes issues (article 14) des participations de l'équipe nationale aux compétitions internationales de la FIFA. Est-ce qu'il faut une Convention pour savoir qui va gérer les billets (article 12) d'un match international de l'équipe nationale entre les deux institutions ? Comment va-t-on repartir l'occupation des tribunes (article 4) ?

L'État est-il toujours dans son rôle quand il doit gérer les billets d'un match international de l'équipe nationale du Cameroun et organiser l'occupation des tribunes ? Au-delà de cette situation complexe, il nous semble déceler derechef un interventionnisme exacerbé. Il ne faut pas réduire l'État à un acteur commun de la vie en société. L'État, nous semble-t-il, est régulateur, stratège, distributeur, contrôleur selon Norbert Elias[46] dans ses fonctions ontologiques. Cette réduction de l'État à un simple acteur de l'activité physique et sportive par les dispositions des normes sportives nationales au Cameroun est préoccupante.

En tout état de cause, « *la souveraineté des fédérations sportives internationales sur les compétitions internationales confirme, sûrement, on le sait, leur exclusivité dans la gestion de leurs disciplines sportives. Mais c'est son étendue qui impressionne* »[47]. Le comportement du législateur sportif camerounais, agissant sur la base de la volonté de l'État n'intègre pas cette réalité de l'organisation du sport moderne. Cette attitude de dénégation vis-à-vis de l'exclusivité de gestion des compétitions internationales par les normes sportives du Cameroun n'est pas sans effet. L'incursion de l'État

---

[46] N. Elias, *La civilisation des mœurs,* Traduit en français et édité chez Calmann-Lévy en 1973.

[47] J.-P. Karaquillo, *Le droit du sport,* op. cit., p. 19.

camerounais à travers sa *lex sportiva* dans le domaine réservé des institutions sportives internationales relatives à l'organisation des compétitions internationales va naturellement engendrer des conflits.

C'est pour cette malheureuse « *gestion directe* » très visible et cet « *interventionnisme exclusif* » prononcé créant beaucoup de conflits entre les différents organes, nous y reviendrons, que l'État a rectifié la position et adopté le décret n°2014/384 du 26 septembre 2014 portant organisation et fonctionnement des sélections nationales de football du Cameroun, qui nous l'avons souligné supra, privilégie la *« cogestion »* et le *« contrôle permanent ».* Cette nouvelle tendance mérite d'être analysée à travers certaines dispositions essentielles dudit texte :

L'article 3 dudit décret dispose :

« (1) La gestion administrative, sportive et technique des sélections nationales de football relève de la compétence de la Fédération camerounaise de Football ci-après dénommée FECAFOOT.

(2) La gestion financière des sélections nationales de football est assurée conjointement par l'État et la FECAFOOT sur la base de conventions et textes particuliers.

(3) Les ressources allouées par l'État aux sélections nationales de football constituent des deniers publics et sont soumises aux contrôles des organes compétents de l'État.

(4) Les aspects liés à la sécurité des joueurs et des membres des structures d'encadrement des sélections nationales de football incombent à l'État, en collaboration avec la FECAFOOT.» ;

L'article 4 dudit décret dispose :

« (2) Le montant des primes des matches officiels et amicaux ainsi que des primes de qualification à l'occasion des compétitions officielles est arrêté par décision du Président de la FECAFOOT en concertation avec le ministre en charge des sports» ;

L'article 15 dudit décret quant à lui dispose que :

> *« (2) Les ressources destinées au paiement des primes visées à l'article 14 ci-dessus sont allouées par l'État à la FECAFOOT sous forme d'une subvention, selon des modalités fixées par un texte particulier» ;*

L'article 20 dudit décret quant à lui dispose que :

> *« Toute sanction disciplinaire prononcée à l'encontre d'un joueur ou d'un membre des structures d'encadrement d'une sélection nationale de football doit être portée à la connaissance du ministre en charge des sports » ;*

Nous constatons qu'on est aujourd'hui à l'attribution réglementaire de la gestion administrative, sportive et technique à la Fecafoot par rapport aux dispositions abrogées de l'article 9 du décret n° 72/600 qui parlait de l'approbation préalable du ministère du Sport pour tout engagement de l'Équipe nationale de football au Cameroun, faisant par ce fait seul que l'État avait le droit de propriété sur celle-ci. Mais cette reconnaissance doit aussi être analysée à travers les domaines reconnus par l'État à la Fecafoot et le rôle qu'il entend jouer désormais. Il faut déjà dire qu'en vérité, ce n'est qu'une consécration juridique d'une pratique qui avait déjà cours, même sous la férule du décret 72/600, car l'État au niveau administratif ne pouvait pas gérer la Fecafoot, ne pouvait pas organiser les activités sportives, et au niveau technique ne pouvait pas intervenir. C'est donc une reconnaissance de la spécificité de l'activité qu'effectue la Fecafoot par l'État.

L'originalité de ce nouveau décret est l'institution de la *cogestion* qui était latente dans le précédent décret et l'affirmation d'un véritable pouvoir de *contrôle permanent*. La consécration de la cogestion transparait *expressis verbis* dans les articles que nous avons présentés, car *la gestion financière* des sélections nationales de football est assurée « *conjointement* » par l'État et la

Fecafoot sur la base de conventions et textes particuliers, les aspects *liés à la sécurité* des joueurs et des membres des structures d'encadrement des sélections nationales de football incombent à l'État, en « *collaboration* » avec la Fecafoot et enfin le *montant des primes* des matches officiels et amicaux ainsi que des primes de qualification à l'occasion des compétitions officielles est arrêté par décision du Président de la FECAFOOT en « *concertation* » avec le ministre chargé des sports. L'analyse des éléments de langage issus de ces dispositions réglementaires que l'on vient de présenter fait ressortir les termes comme *conjointement, collaboration et concertation*, illustrant la quintessence des rapports entre l'État et la Fecafoot que le décret du 26 septembre 2014 voudrait faire ressortir aujourd'hui. Il ressort *in fine* de ce qui précède que le domaine de la cogestion qu'indique le décret n°2014/384 du 26 septembre 2014 concerne la *gestion financière, la sécurité, et la détermination du montant des primes*.

Le décret n°2014/384 du 26 septembre 2014 consacre aussi le *contrôle permanent* de l'État sur l'équipe nationale à cause des *ressources allouées par l'État* sous forme de subvention aux sélections nationales de football qui constituent des deniers publics et sont soumis aux contrôles des organes compétents de l'État. Toute sanction disciplinaire prononcée à l'encontre d'un joueur ou d'un membre des structures d'encadrement d'une sélection nationale de football *« doit »* être portée à la connaissance du ministre chargé des sports. Nous soulignons le verbe *« devoir »* utilisé à ce niveau par le législateur, indiquant ainsi que c'est une condition *sine qua none ad validatem* parce qu'après le prononcé de la sanction, il y a la publication ; mais si l'on doit porter connaissance au ministre en charge des Sports, c'est qu'il peut certainement exprimer des réserves, proposer d'alourdir ou réduire la sanction, ou il peut simplement en accuser réception. Le contrôle que l'État effectue sur les ressources allouées va se faire selon les modalités prévues par les lois et règlements nationaux en matière de gestion financière des deniers publics, donnant droit aux mêmes sanctions qu'un agent de l'État en indélicatesse avec les fonds publics.

La prépondérance de l'État au niveau national s'illustre par la loi n° 2011/018 du 15 juillet 2011 relative à l'Organisation et à la promotion des Activités physiques et sportives au Cameroun, notamment son article 3[48] qui a, malgré son abrogation par loi n°2018-014 du 11 juillet 2018 portant organisation et promotion des activités physiques et sportives au Cameroun, garde la même posture vis-à-vis du microcosme sportif. La présence *prépondérante de l'État et la centralité* de ce dernier dans l'organisation de l'activité physique et sportive au niveau du Cameroun sont réaffirmées par les législateurs successifs de 2011 puis de 2018. Cette omniprésence de l'État entraine souvent une incursion dans la gestion de l'équipe nationale.

L'État du Cameroun en mettant en œuvre des règles sportives nationales lui donnant le droit d'intervenir sur les domaines sportifs que la FIFA entend réguler par exemple,

---

[48] *«-(1) L'État détermine la politique de développement de l'éducation physique et des sports et s'assure de sa mise en œuvre. (2) Le développement des activités physiques et sportives et du sport de haut niveau incombe à l'État et au mouvement sportif national constitué d'associations et des fédérations sportives. (3) L'État et les collectivités territoriales décentralisées, en relation avec le Comité national olympique et sportif du Cameroun, Le Comité national paralympique camerounais, les fédérations sportives nationales, ainsi que toute personne physique ou morale de droit public ou privé, assurent la promotion et le développement du sport et de l'éducation physique ».*

crée les conditions de la complexification du dialogue entre les deux ordres sportifs ; car les organisations sportives internationales jalouses de leur autonomie et défendant leur indépendance utiliseront tous les moyens à leur disposition pour faire cesser l'intrusion normative étatique. Elles ne reconnaissent pas les États comme acteurs de l'organisation locale de leurs compétitions[49]. On va alors se retrouver avec les fédérations nationales tiraillées par le besoin de respecter les normes des deux institutions. La fédération va naturellement, pour garder son affiliation, vouloir respecter les dispositions de l'association sportive internationale ; attitude qui entrainera des réactions de l'État.

Heureusement que sous l'impulsion des organisations internationales sportives ayant pris une dimension importante avec la fin de la guerre froide et l'accélération de la mondialisation, le comportement des acteurs de la politique juridique sportive nationale a muté en termes de stratégie et logique d'action.

Les acteurs du service public normatif sont essentiellement composés de la dualité État-Organismes sportifs nationaux. Si la « *tutelle* » réglementaire constitue le socle des rapports entre les acteurs du service public du sport, force est de constater que dans beaucoup de pays elle n'a pas un contenu identifiable augurant ainsi un usage incertain. Mais le Cameroun à la faveur de sa dernière loi n°2018-014 du 11 juillet 2018 portant organisation et promotion des activités physiques et sportives tente d'apporter des améliorations.

Autant l'article 46 de la loi de 2011 qui dispose qu'« *est interdit le cumul entre les fonctions*

---

[49] P. Boniface, *Football et Mondialisation*, Armand Colin, Paris, 2006.

administratives au sein du ministère chargé des sports et les fonctions électives ou exécutives au sein des fédérations sportives civiles » que l'article 89 de la loi de 2018 disposant que « *Les fonctions administratives au sein du ministère en charge des sports sont incompatibles avec les fonctions électives ou exécutives au sein des fédérations sportives civiles* », récuse le cumul entre les fonctions administratives au sein du ministère en charge des sports et les fonctions électives ou exécutives au sein des fédérations sportives civiles[50] au Cameroun. L'objectif du législateur est d'assurer la séparation radicale entre les fonctions de gestion des activités physiques et sportives, et celles de contrôle que devra exercer la tutelle représentée par l'administration du ministère en charge des sports.

Aussi respecter l'autonomie des associations nationales qui se constituent sous la forme d'organisation de droit privé, même si cette préoccupation est plus nominale qu'opératoire. Parce qu'on voit bien l'implication de cette tutelle pendant le renouvellement des organes dirigeants des fédérations nationales sportives[51]. La présence du ministère en charge des sports à cette occasion n'est pas uniquement poussée par l'exécution des obligations de police administrative, mais aussi, et surtout pour contrôler et surveiller la qualité des hommes devant recevoir ses subventions.

Une fédération sportive peut bénéficier de subventions, aides et contributions de l'État ou des collectivités

---

[50] Loi n°2018-014 du 11 juillet 2018 portant organisation et promotion des activités physiques et sportives au Cameroun.

[51] Confère l'instruction de février 2013 qui par décision du ministre des Sports et de l'Éducation physique suspend le processus du renouvellement des bureaux des fédérations sportives nationales d'une part, et d'autre part la décision suspendant provisoirement dix-sept fédérations sportives pour diverses raisons dont la plus importante est l'insuffisance d'activités annuelles sur l'étendue du territoire.

territoriales décentralisées sur des bases contractuelles précisant les objectifs annuels et pluriannuels à atteindre[52]. La base contractuelle des relations entre l'État, les collectivités territoriales décentralisées et la fédération est une convention qui précise : les objectifs de développement de chaque discipline sportive dans le cadre de la politique nationale du sport ; la gestion managériale et financière ; les conditions d'utilisation des subventions ; le système d'organisation des compétitions ; les manifestations et regroupements ; la formation des sportifs, encadreurs et officiels ; le développement et la gestion des infrastructures ; le programme de santé, la lutte contre le dopage et la toxicomanie dans le sport[53].

Le titre 7 de la loi n°2018-014 du 11 juillet 2018 portant organisation et promotion des activités physiques et sportives au Cameroun, au sujet des relations entre l'État et les acteurs sportifs nationaux et internationaux, illustre à suffisance la posture de l'État du Cameroun dans ses relations avec le sport. En effet, le chapitre 1 de ce titre intitulé *de la tutelle et du contrôle de l'État sur les acteurs du sport nationaux* plante le décor de cette conception.

En effet, l'article 87 dudit titre de la loi de 2018 dispose que :

> *« (1) Le ministère en charge des sports exerce la tutelle de l'État sur les associations sportives, notamment les clubs sportifs, les ligues sportives et les fédérations sportives.*
>
> *À ce titre, il veille au respect par ceux-ci des orientations stratégiques fixées par la politique nationale de développement des activités physiques et sportives.*
>
> *(2) La coordination des activités physiques et sportives incombe au ministère en charge des sports. À ce titre, il peut, en cas de faute grave engageant la responsabilité d'une association sportive, suspendre les activités de ladite*

---

[52] Loi n°2018-014 du 11 juillet 2018, ibid.
[53] Loi n°2018-014 du 11 juillet 2018, ibid.

association ou lui retirer l'agrément dans les conditions et suivant les modalités fixées par voie réglementaire.

(3) Le ministère en charge des sports exerce le contrôle sur le Comité national olympique et sportif du Cameroun et sur le Comité national paralympique camerounais.» ;

Cet article donne le cadrage de l'action du ministère en charge des Sports, il est aisé de constater que le contrôle a un domaine plus large que la délimitation des bornes de la tutelle. Les sanctions et les organes sous contrôle de ladite autorité sont identifiés, avec le risque sûrement d'en oublier certaines, mais ce besoin d'exhaustivité démontre à suffisance le besoin de « *contrôle* » plus que l'exercice effectif de la « *tutelle* »[54] que trahit effectivement cette disposition. Un "contrôle" est une opération par laquelle, selon le cas, une autorité, une juridiction ou un expert judiciaire vérifie l'existence d'un fait, apprécie l'opportunité d'une décision prise ou d'un acte accompli par la personne contrôlée, ou encore, s'assure de la conformité d'une situation à une règle juridique, par exemple à un texte de Loi ou à un règlement administratif[55]. Alors que le pouvoir de tutelle comprend l'ensemble des moyens de contrôle réglementaires dont dispose une autorité sur une autre entité sous tutelle, avec pour objectif fondamental de la maintenir dans le respect de la loi, et de faire prévaloir un intérêt public. Cette perception se confirme à la lecture de l'article suivant

[54] La notion de tutelle administrative est inspirée de la tutelle civile, la personne morale soumise à la tutelle étant alors en quelque sorte considérée comme mineure. L'idée ici c'est son encadrement par les textes, l'autorité de tutelle ne peut exercer celle-ci que dans les limites de ce qui est prévu, son domaine est donc réduit.

[55] Contrôler quelque chose, quelqu'un ; vérifier leur état ou leur situation au regard d'une norme. Dans le contrôle il y a l'idée de domination de possession. Le domaine du contrôle est large, semble illimité.

censé définir les bornes de ladite tutelle, on peut lire à l'article 88 de la loi de 2018 que :

> *« (1) L'État assure la tutelle sur les fédérations sportives nationales, sans préjudice du recours aux mécanismes conventionnels qui précisent notamment :*
>
> - *les objectifs de développement de chaque discipline sportive dans le cadre de la politique nationale du sport ;*
> - *les conditions d'utilisation des subventions ;*
> - *le système d'organisation des compétitions ;*
> - *les manifestations et regroupements ;*
> - *la formation des sportifs, encadreurs et officiels ;*
> - *le développement et la gestion des équipements ;*
> - *le programme de santé, la lutte contre le dopage et la toxicomanie dans le sport.*
>
> *(2) Le pouvoir de tutelle visé à l'alinéa 1 ci-dessus consiste au contrôle de la conformité des actes des fédérations sportives nationales par rapport aux lois et règlements en vigueur.4 »;*

L'alinéa 2 de cet article 88 précise à nouveau que la tutelle « *consiste au contrôle de la conformité des actes* », mais aucune mention n'est faite des types de contrôle et du contenu de ceux-ci. On peut imaginer un contrôle a *priori* et *a posteriori* non seulement des actes, mais aussi, et surtout comme le suggère l'article 87, des activités, c'est effectivement dans ce dernier contrôle que les textes s'orientent plus que sur le contrôle des actes, qui en général fait l'objet d'un contentieux interne devant les organisations sportives camerounaises que le ministre des Sports tranche à partir du moment ou le règlement interne n'a pas été optimal. Il n'y a *pas de tutelle sans texte et au-delà des textes*, nous renseigne l'aphorisme prisé des experts du droit administratif. Il faut tout de même constater la tendance dans la conceptualisation de l'exercice de l'action de l'exécutif dans le sport camerounais.

Au-delà de la tutelle exercée par l'État, la possibilité d'obtenir des engagements contractuels avec les fédérations est envisageable. La loi précitée structure le cadre de cet engagement contractuel pour les deux parties, en précisant leur rôle spécifique. Le contrôle exercé sur les fédérations délégataires concerne la conformité de leurs actes avec les lois et règlements en vigueur dans les domaines susvisés[56]. Ce contrôle n'a pas pour objectif « l'opportunité », mais la « *légalité* » des actes posés par les fédérations sportives nationales ayant reçu un agrément. Cette disposition confirme l'autonomie des fédérations sportives nationales ou alors consacre leur nature privée comme le juge l'a rappelé dans *l'affaire Dutchou* en 1992, opérant un revirement jurisprudentiel avec sa position de 1989 dans *l'affaire Aigle Royal*, dans laquelle lesdites fédérations parce qu'elles exécutaient une délégation de service public pouvaient réaliser des actes administratifs. Ce contrôle de « légalité » est minimal, en ce sens qu'il n'inclut pas l'appréciation libre de la tutelle. Il est réalisé en tenant compte des lois et règlements du Cameroun, c'est dire que l'association sportive en cas de contestation aura plus d'éléments pour mener sa cause que lorsqu'il est en face d'un contrôle lié à l'opportunité de l'acte.

Indéniablement, l'État ne se comporte plus vraiment comme l'ordonnateur du management de l'activité sportive nationale au Cameroun, il y a une reconnaissance tacite sûrement affirmée timidement de la compétence spéciale des organismes sportifs nationaux. Aussi, ces derniers n'hésitent plus à s'affirmer face à l'État quand son emprise interfère dans les domaines de la pratique du sport et de leurs compétences. Les deux acteurs sont aujourd'hui plus que par le passé conscients de ce qu'Ignacio Ramonet

[56] Loi N°2018-014 du 11 juillet 2018, Ibid.

appelle leur *« capacité de nuisance »*[57] mutuelle, c'est pourquoi la posture contemporaine du partenariat entre les deux entités semble être adaptée pour éviter la paralysie de la gestion du sport au Cameroun.

On est passé de manière sociologique de cette tutelle à géométrie variable à un partenariat en raison du principe de spécialité reconnu aux organismes sportifs nationaux et plus encore à cause de leurs liens étroits avec leurs pendants internationaux. Aujourd'hui, la tutelle a cédé le pas au partenariat devant ce que Gérald Simon a appelé la *« puissance sportive »*[58]. En effet, les organismes sportifs nationaux camerounais ont cessé d'être les relais des États dont ils battent pavillon pour devenir de véritables démembrements nationaux de leur fédération internationale. L'État du Cameroun a pris beaucoup de temps pour comprendre et surtout intégrer ce changement de réalité entrainant des conflits récurrents entre les ministres des Sports et les fédérations nationales[59].

Il faut alors essayer de comprendre ce passage de la tutelle au partenariat dans la trajectoire du service public du sport en Afrique, induisant la mutation stratégique de l'orientation de la politique juridique sportive nationale.

II. La période du partenariat normatif dans le service public du sport au Cameroun (de 1990 à nos jours)

La période du partenariat est la conséquence de l'influence de la conjoncture internationale (II.1) qui aura un impact (II.2) sur la perception et surtout la mise en œuvre camerounaise du service public du sport.

---

[57] I. Ramonet, *Géopolitique du Chaos, Gallimard*, op. cit., p. 78.
[58] G. Simon, *Puissance sportive et l'ordre juridique,* op. cit., p 56.
[59] M. Hourcade, *Le sport-system*, Syros, Paris, 1986.

II.1. L'influence de la conjoncture internationale sur le service public du sport

La période d'après les indépendances jusqu'en 1990 est marquée par un service public du sport ayant produit comme excroissance le service public normatif sportif. Le modèle camerounais, dans lequel l'État exerçait le monopole de *jus facere* en matière sportive, s'est confronté aux changements dans les relations internationales de 1990, augurant le renforcement des organisations sportives internationales en termes de pouvoir. En effet, l'État prend plus en compte les autres partenaires entrainant par ricochet un partenariat normatif dans la conception et la mise en œuvre de nouveaux rapports avec le sport au Cameroun.

Deux éléments essentiellement structurent l'appareil explicatif de cette mutation dans la téléologie du service public du sport : l'impact des mutations internationales sur l'activité normative sportive nationale et le rôle de la démocratie sportive dans la répartition du monopôle de *jus facere* en la matière.

Avec la chute du mur de Berlin entrainant par ricochet le triomphe du modèle libéral capitaliste, l'avènement de la mondialisation, le triomphe des valeurs humanistes et écologiques, l'architecture mondiale a assurément évolué de la logique réticulaire des blocs à une logique circulaire des foras. Le monde a tellement changé depuis la fin de l'histoire[60] que le sport a aussi changé tout comme le comportement de l'État face au sport, au point qu'on parle aujourd'hui de géopolitique du sport[61].

---

[60] F. Fukuyama, *La Fin de l'histoire et le Dernier Homme*, Flammarion, 1992.
[61] P. Boniface, *Football et Mondialisation*, op. cit., p. 87.

Il est intéressant de tenir compte aujourd'hui en analysant le service public du sport au Cameroun de l'impact de cette redistribution des cartes sur la scène internationale entre la puissance de l'État imbibée de ses survivances westphaliennes et l'irruption de nouveaux acteurs dont les secousses relationnelles contemporaines avec les États irradient le Cameroun[62]. La puissance sportive[63] s'est en effet nourrie d'éléments multiplicateurs de force qui ont nécessairement rétroagi sur la position de l'État face au sport au Cameroun.

Le sport ne peut plus être considéré comme un phénomène purement national. Aujourd'hui, la compétition sportive vit de son internationalité. Il s'est développé à l'intérieur des organismes comme le CIO[64], l'UCI, l'IAAF, IRB, la FIFA[65] et bien d'autres encore de véritables pôles de pouvoir qui dépassent largement les confins du sport[66]. Quelques exemples comme l'attribution de l'organisation des Jeux olympiques à la Chine en 2008 avaient donné lieu à certaines prises de position pour contester ledit choix pour déficit de démocratie dans ce pays. La question des droits de l'homme en Chine, couplée à la répression

---

[62]L. Zaki, *Un monde privé de sens,* Paris, Fayard, 1994. Lire aussi L. Zaki (sous la Dir), *L'ordre mondial relâché, sens et puissance après la guerre froide,* Presse de la fondation nationale de science politique, 1993.

[63] G. Simon, *La puissance sportive et l'ordre juridique étatique,* op. cit., p. 189.

[64]D. Maliesky, « De Coubertin à Samaranch : la diplomatie du CIO », op. cit., pp. 25-37, et du même auteur, « Le Comité international olympique : une diplomatie parallèle », in J.-Ch. Basson (dir.*), Sport et ordre public*, Paris, *La documentation française*, 2001, pp. 47-64.

[65] P. Darby, *Africa, football and FIFA : politics, colonialism and resistance*, London, Frank Cass, 2002.

[66] B. Ngouo, *Terrain miné : Football, la foire aux illusions*, op. cit., p. 89.

menée par les autorités chinoises au Tibet après les émeutes de mars 2008, ajoutée au soutien du régime chinois au Soudan malgré les massacres perpétrés au Darfour, remettent au goût du jour depuis la fin de la guerre froide, l'appel à la pratique du « *boycott sportif* »[67] des jeux de Pékin de 2008.

On a constaté que le CIO, dans l'orientation téléologique des Congrès du centenaire de Paris en 1994 et de Copenhague en 2009, a intégré des problématiques comme les droits de l'homme, la fracture numérique, le développement économique, le respect de l'environnement, qui sont éloignées des valeurs du sport au sens strict. La plupart de ces recommandations ont depuis été intégrées par le CIO et ses partenaires dans leurs politiques de développement de l'Olympisme et de promotion de ses valeurs fondamentales.

Nonobstant les débats doctrinaux entre les tenants de la sensibilité de l'adhésion et le « *rentrisme* », il n'en demeure pas moins que les organismes nationaux se conforment aux réquisitions normatives et structurelles des fédérations internationales afin d'accéder aux services qu'augure la qualité de membre. Les organismes sportifs nationaux ont alors aussi développé en leur sein une sorte de pouvoir dérivé de leur adhésion aux organismes sportifs internationaux entrainant des rivalités et conflits avec les États.

Au plan normatif, les textes des organismes locaux sont conformes et sous contrôle des OINGS[68], afin d'éviter l'inféodation juridique de ces derniers au droit sportif de l'État d'appartenance. Les textes qui sont établis par les OINGS sont une réponse au principe de solidarité que les

---

[67] V. C. Lapeyre, « Moscou 1980 », in P. Collomb (dir.), *Sport, droit et relations internationales*, op. cit., pp. 237-252.

[68] A. Elono, op. cit., p. 88.

institutions nationales attendent de leurs structures faîtières. Mais, en même temps, le sport est un outil de contrôle des corps non négligeable par l'État. Parce qu'il permet à ce dernier de contrôler l'humeur du peuple, c'est le sport comme *opium* du peuple développé par les sociologues à l'instar de Jean-Marie Brohm[69]. C'est aussi le sport comme instrument de contrôle et de canalisation de la violence des masses, ou encore instance de *« violence maîtrisée »* comme le constatent Norbert Elias et Éric Dunning[70]. C'est enfin un instrument politique permettant à un régime d'affirmer sa force[71] et de faire la propagande dans l'espace public interne ou externe[72].

Il est alors normal pour lui de produire des normes susceptibles de contrôler cette activité qui se déroule à l'intérieur de son territoire et surtout des organisations qui gèrent le sport au sein du territoire national. Le contexte de conflit se trouve ainsi patent, tant les intérêts des deux pourvoyeurs de normes sur la même activité sociale avec leur positionnement dans un même espace territorial sont divergents. Au crédit de cette réflexion, constatons que l'interférence gouvernementale est expressément envisagée par l'article 17 des statuts de la FIFA affirmant qu'elle ne peut reconnaître les organes d'un membre que si ceux-ci sont nommés ou élus par ses pairs, membres de l'association contrôlant le football dans l'État dans lequel

---

[69] J.-M. Brohm, *Sociologie politique du Sport*, *PUN*, Nancy, op. cit., p. 111.

[70] N. Elias et E. Dunning, *Sport et civilisation. La violence maîtrisée*, op. cit., p. 58.

[71] R. Poli, *Le football et identité les sentiments d'appartenance en question*, *CIES*, Neuchâtel, 2005, 138p.

[72] E. Mbengalack, *La gouvernementalité du sport en Afrique, Le sport et la politique au Cameroun,* thèse de doctorat sciences politiques. Voir aussi C. Kemo-Keimbou, Représentations, politiques et pratiques corporelles au Cameroun (1920-1996). Enjeux et paradoxes du sport et de l'éducation physiques en Afrique Noire.

elle se trouve[73]. Cela afin de ne pas valider ou alors d'enlever la tentation des autorités publiques de s'immiscer dans la désignation des responsables des représentants nationaux des OINGS. La Charte olympique en son article 20 dispose que les membres[74] du CIO sont les représentants du CIO au sein de leurs pays, induisant qu'ils doivent être dignes du serment olympique[75] qu'ils professent.

À travers les exemples qu'on vient de donner, les États ne sont plus seuls à structurer le débat sur les valeurs sur la scène internationale. Les organismes non gouvernementaux de toutes natures imposent leur *aggiornamento* dans le processus de prise de décision. Les domaines de la protection de l'environnement et du sport donnent la pleine mesure de cette force des *« nouveaux acteurs »*. Mais plus encore de l'importance qu'ils ont dans le management de certaines problématiques, dans lesquelles une certaine expertise leur est même reconnue par les États.

Au-delà de cette tendance, il faut aussi remarquer que l'idée de démocratie sportive a confiné l'exclusivité ou le monopole de *jus facere* en matière sportive de l'État du Cameroun. Cette démocratie sportive prend son ancrage

---

[73] Voir Extrait des statuts de la FIFA en Annexe.

[74] Art 20 1.2 ; 1.3 ; 1.4 ; 1.5 de la Charte olympique dont le recrutement exprime l'autonomie.

[75] *Le serment est : « Admis(e) à l'honneur de faire partie du CIO, et de le représenter et se déclarant conscient des responsabilités qui m'incombent à ce titre, je m'engage à servir le mouvement olympique dans toute la mesure de mes moyens, à respecter et à faire respecter toutes les dispositions de la Charte olympique et les décisions du CIO que je considère comme étant sans appel de ma part, à me conformer au code éthique à demeurer étranger à toute influence politique ou commerciale comme à toute considération de race, de religion, à lutter contre toute autre forme de discrimination et à défendre en circonstance les intérêts du CIO et du mouvement olympique ».*

dans le concept d'autonomie qu'on retrouve dans les statuts de diverses fédérations internationales comme la Fédération internationale des sociétés d'aviron (FISA)[76], l'Union cycliste internationale (UCI)[77], la Fédération équestre internationale (FEI)[78], la Fédération internationale de gymnastique (FIG)[79], la Fédération internationale de tennis (IFT)[80] et la Fédération internationale de ski (FIS)[81].

La majorité des organisations sportives internationales (FIFA, CIO, etc.) qui avait été timides d'imposer dans des pays donnés les principes de démocratie sportive, importés du modèle occidental à cause de la partition du monde en deux blocs, a adopté au lendemain de la chute du mur de Berlin, le principe de l'élection interne des membres des associations nationales, faisant de cette disposition une condition *sine qua none* comminatoire de collaboration avec lesdites représentations nationales.

---

[76] *« La FISA n'intervient aucunement dans les questions purement nationales. Elle laisse une entière liberté d'organisation aux fédérations membres. »* (Article 4 des statuts de la FISA).

[77] *« Dans ses activités, l'UCI respectera les principes suivants : [...] la non-ingérence dans les affaires internes des fédérations affiliées. »* (Article 3 de la constitution de l'UCI).

[78] *« Aucune disposition des statuts n'autorise la FEI à intervenir dans les affaires équestres nationales ni dans d'autres affaires nationales ni ne met les fédérations nationales en droit de soumettre des affaires de cette nature à la FEI aux fins de règlement dans le cadre des présents statuts. »* (Article 61 de la 21e édition des statuts de la FEI – disparu depuis).

[79] *« Dans les limites fixées par les présents statuts [de la FIG], les fédérations affiliées, les Unions continentales et les groupes régionaux conservent leur autonomie entière et leur indépendance. »* (Article 31).

[80] *« La Fédération [IFT] devra préserver son indépendance et tout ce qui concerne le jeu de tennis sans intervention d'aucune autorité extérieure dans ses relations avec les associations affiliées. »* (Article IVj du mémorandum) ;

[81] *« La FIS respecte l'autonomie des associations nationales de ski qui lui sont affiliées. »* (Article 4.2 des statuts de la FIS)

À cet effet, on peut lire *expressis verbis* à l'article 1 des statuts de l'International Association of Athletics Federations (IAAF) qu'elle *« se composera d'organismes nationaux d'athlétisme qui auront été démocratiquement élus conformément à leurs statuts et qui s'engageront à se conformer aux statuts et à respecter les règles et règlements. »*

Cette exigence d'élection est reprise par l'Union européenne de Football Association (UEFA), comme une condition *sine qua none* d'adhésion en ces termes : *« les associations membres doivent veiller à ce que leur organe exécutif soit désigné au moyen d'élections libres ; cette disposition doit figurer dans leurs statuts. À défaut d'une telle disposition ou si le comité exécutif [de l'UEFA] estime qu'un tel organe n'a pas été désigné au moyen d'élections libres, il peut refuser de le reconnaître ; cette règle vaut également lorsqu'un tel organe n'a été institué qu'à titre intérimaire. »*[82]

Nous constatons que le contenu du concept de démocratie sportive ne peut se limiter au seul aspect électoral[83]. En effet, trois variables peuvent s'associer pour former le contenu de cette notion : *l'expression* de l'*autonomie, l'élection, la liberté d'association.* La démocratie sportive augure l'expression de l'autonomie sportive parce qu'elle professe que les structures sportives sont capables d'assurer le *suum quique tribere* en leur sein, c'est-à-dire d'assurer de manière autonome la justice distributive. La démocratie sportive inclut aussi dans son contenu l'élection et à ce niveau nous partageons la pertinence des raisons avancées par Prosper Nkou Mvondo[84], même si dans certains pays d'Afrique on peut

[82] Article 7*bis*, alinéa 2, statuts de l'UEFA, édition de juin 2007

[83] Il ne peut se limiter au seul aspect électoral.

[84] P. Nkou Mvondo, *Le football camerounais en péril*, pp. 153-219.

valablement s'interroger sur le caractère libre et éclairé des élections dans les associations sportives nationales[85]. Enfin, la démocratie sportive est imbibée de la liberté d'association et d'expression du sport. La liberté d'association est basée sur cette dualité : *-on a la faculté de s'associer ou pas*, mais quand on choisit d'adhérer au système sportif, il faut respecter les principes. En matière sportive, le contenu de l'engagement sur la base de la liberté d'association n'est pas volontaire[86]. Ensuite, on n'a pas le droit de choisir ses cocontractants puisqu'ils se recrutent au sein des institutions sportives internationales.

Le deuxième versant et dernier élément de la notion de démocratie sportive est la *liberté d'expression du sport.* Il faut souligner que c'est la latitude qu'a tout membre de passer d'une discipline sportive à l'autre et la capacité autonome des organisations sportives internationales d'organiser des compétitions à caractère universel, régional, spécialisé dans les épreuves sportives pluridisciplinaires et monodisciplinaires en ayant des calendriers qui respectent les principes du sport. Au demeurant, le contenu de cette notion de démocratie sportive est plus large que ce que les auteurs devanciers ont voulu en donner. *In fine,* la démocratie sportive dans notre entendement, renvoie à une triple réalité d'abord l'élection en est la base, ensuite la *liberté d'association* et la *liberté d'expression du sport* en sont les atomes composant son substrat.

---

[85] Lois électorales, principe de convocation et de constitution du corps électoral.

[86] En ce que le contenu de l'engagement est encadré par la *lex sportiva internationale et le choix du cocontractant est aussi prédéfini par les organisations sportives internationales*), *-en conséquence on n'a pas la latitude de choisir le contenu de son engagement* (puisque prédestiné dans le sport : règles techniques, sur le dopage, le genre, etc.

Cette situation apparemment compréhensible n'allait pas de soi avec les États qui ont passé plusieurs décennies à appliquer sur leur sport une gestion directe et qui pratiquaient la nomination des responsables des associations nationales. C'est l'une des raisons pour laquelle à cette époque, il fallait parler de service public du sport. Mais cette « *démocratie sportive* » *in fine* est-elle mauvaise en soi ? Il faut s'assurer que les organes managériaux des organismes sportifs nationaux relais des organismes internationaux sont gérés par des personnes qui font l'objet d'un consensus interne et plus encore qui viennent du milieu.

II.2. L'impact de la conjoncture internationale sur le service public du sport au Cameroun

Au Cameroun, l'on constate nonobstant cette démocratie sportive une certaine pérennisation des équipes dirigeantes à la tête des organismes sportifs nationaux. Chose qui somme toute démontre que ce modèle n'est pas vraiment conforme aux réalités sociologiques africaines. Mais il faut aussi ajouter que la réalité de cette démocratie sportive limite l'action de l'État dans le choix des dirigeants des organismes sportifs nationaux de façon visible tout de même ; cela, peu importe leur qualité. Ce qui ne peut qu'entrainer certaines interrogations compte tenu de la masse financière que l'État camerounais injecte dans le sport en général. Devant cette vague de démocratisation sportive inspirée par le vent de l'Est, la préoccupation fondamentale pour l'État camerounais était de savoir lâcher du lest sur sa « *potestas* », plus simplement leur chose qu'était le sport.

Car comme le dit René Jean Dupuy[87], la souveraineté ne doit en aucun cas être amputée de l'une de ses

[87] R.-J. Dupuy, *Le Droit international,* op. cit., p. 78.

dimensions[88], sinon elle n'est plus ; partageant ainsi le concept de souveraineté absolue de Jean Bodin[89]. Comment envisager la gestion du sport au Cameroun avec l'État comme spectateur passif ?

La preuve de cette démonstration est le relâchement dans l'intensité normative sur le sport par l'État du Cameroun de la période 1990 à 2012 qu'on peut constater à travers les graphiques suivants ;

Graphique n°2 : Courbe évolutive de la lex sportiva de l'État du Cameroun de 1960 à 1990

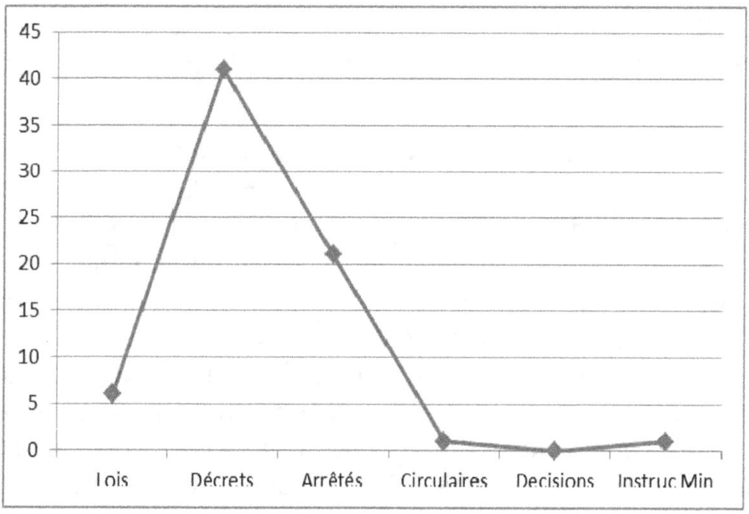

Source : auteur

Nous constatons à travers cette courbe que pour la période 1960 à 1990 (30 ans) en ce qui concerne les lois sur le sport, sur une globalité de 9 lois, la période suscitée a produit 6 lois pour un pourcentage estimé[90] à 66,6**%**.

[88] Décider, sanctionner, accepter, refuser, disposer, contraindre, dominer.

[89] J. Bodin, *Les six livres de la république*, Fayard, Paris, 1986.

[90] Moyenne de 2 lois par décennie.

Aussi, sur l'ensemble des **52 décrets** qui ont été comptabilisés dans notre échantillon non exhaustif (106 règles) en matière de sport qu'a sécrété l'État, **41 décrets** ont été pris uniquement pendant ladite période pour un pourcentage[91] de **78,8 %**, 21 arrêtés sur un total de 31 donnant comme pourcentage[92] **67,7 %**. Aucune décision n'est enregistrée, alors qu'une circulaire et une instruction ministérielle sont adoptées pendant cette période. Il ressort clairement de cela que les pourcentages très élevés de la *lex sportiva* de l'État démontrent qu'environ 70 % de ces règles ont été adoptés avant 1990, justifiant par ces chiffres que les organisations sportives internationales n'avaient pas encore repris la main sur l'activité normative sportive.

Il y a une certitude, c'est que les organisations sportives internationales ont intégré depuis le début des années 1990 dans leurs textes, l'accès démocratique aux postes de direction de leurs associations nationales d'une part et de l'autre la sanction de l'interférence politique dans la gestion de celle-ci par l'arme de la suspension[93]. Cette arme est assez dissuasive pour l'État du Cameroun, car sont en jeu la participation aux compétitions prestigieuses comme la Coupe du monde de football, les Jeux olympiques qui sont des occasions de vente de l'image de marque du pays. Ces participations augurent aussi des retombées financières[94] qui constituent des aubaines pour les associations nationales des pays comme le Cameroun. À titre d'illustration, la Fédération camerounaise d'Aviron a reçu du matériel nautique grâce à sa participation dans

---

[91] Moyenne d'un décret par an ;

[92] Moyenne de 3 arrêtés tous les 7 ans

[93] J.C. Bekombo, *Les normes sportives internationales face aux normes sportives des États d'Afrique subsaharienne : le cas FIFA-Cameroun*, op. cit., p. 35.

[94] J.-C. Bekombo, ibid, p. 94.

les compétitions internationales organisées par la fédération internationale, et soulignons aussi que la fédération camerounaise de football construit son siège actuellement grâce aux bénéfices opérés par la participation de l'équipe nationale de football aux différentes coupes du monde.

Le tableau suivant de l'activité normative de l'État camerounais de 1990 à 2018 prouve l'amenuisement de l'intensité et la densité normative en matière sportive.

Graphique n° 3 : Courbe évolutive de la *lex sportiva* de l'État du Cameroun de 1990 à 2018

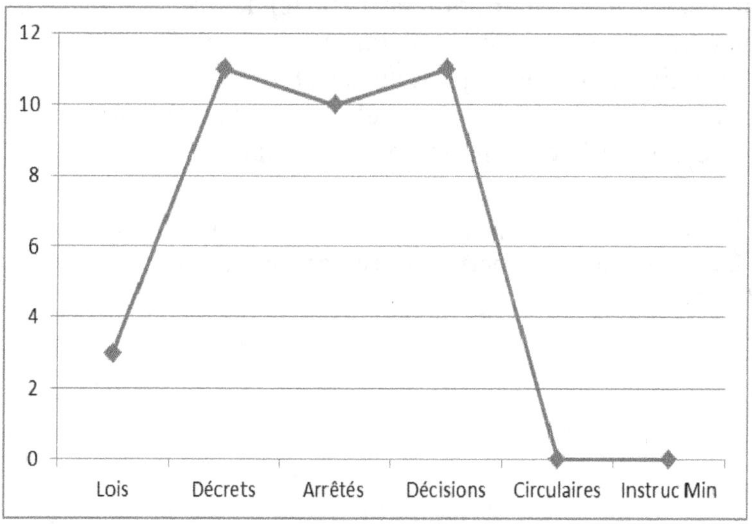

Source : l'auteur

Depuis l'avènement de cette secousse internationale ayant un impact sur la puissance normative des associations nationales, on constate une baisse d'intensité normative de l'État en la matière. Prenons les chiffres de cette courbe sur le Cameroun pour nous en convaincre. Constatons pour la période 1990 à 2018 (28 ans) en ce qui concerne les règles sportives, sur une globalité de 9 lois, la période suscitée a produit 3 lois pour un pourcentage[95] estimé à 33,3%, aussi c'est un ensemble de 52 décrets qui ont été comptabilité dans notre échantillon non exhaustif (106 règles).

En matière de sport, l'État du Cameroun a pris 11 décrets uniquement pendant la période sus-déterminée pour un pourcentage[96] de 22,2 %, 10 arrêtés sur un total de 31 donnant comme pourcentage[97] 32,3 %. Un total de 11 décisions relevant un pourcentage de 100%, car cette catégorie juridique concerne plus les actes de compétence du titulaire, alors qu'aucune circulaire ou instruction ministérielle n'a été adoptée pendant ladite période. Ces niveaux de pourcentage bas en moyenne 28,5% d'activité normative pendant la période de 28 ans allant de 1990 à 2018 se justifient par les développements que nous avons effectués sur le changement international.

Graphique n° 4 : Courbe comparative évolutive de la *lex sportiva* de l'État du Cameroun pendant les deux périodes (1960-1990 et 1990-2018)

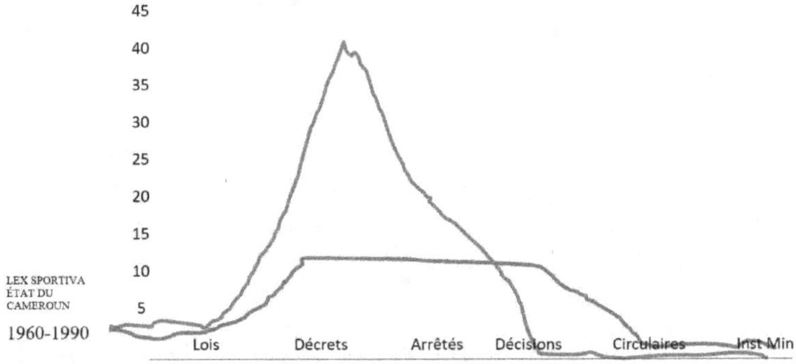

Source : l'auteur

[95] Moyenne de 1 loi par décennie.
[96] Moyenne d'un décret tous les 2 ans.
[97] Moyenne de 1 arrêté tous les 3 ans.

La courbe suivante démontre de manière comparative que l'activité normative sportive de l'État a été plus dense pendant la période 1960-1990 représentée par la courbe bleue dominant nettement la courbe rouge de la période 1990-2012. Les raisons de cette vérité géométrique ont été explicitées, il est juste question d'en avoir l'illustration graphique.

Au demeurant, la démocratie sportive a inéluctablement apporté une reconfiguration des pôles de l'activité normative en matière sportive au Cameroun et dans le monde. Mais face à la mondialisation du sport ou encore sa planétarisation selon Pierre Bourdieu[98], le Cameroun n'a pas beaucoup de choix, il faut s'arrimer à la nouvelle donne que promeut cette démocratie sportive. Car elle augure aussi pour les associations nationales l'exigence d'une bonne gouvernance et de *« l'accountability»*, c'est-à-dire l'obligation pour le directoire élu de rendre compte aux structures internes de sa gestion d'une part et d'autre part à la fédération internationale, le droit de venir dans la gestion interne de l'association nationale effectuer tous les contrôles possibles. Cette démocratie sportive, socle de l'administration sportive internationale faisant vibrer l'État camerounais dans ses soliloques ontologiques[99] hisse la question de la politique juridique sportive dans une zone complexe aujourd'hui. La démocratie sportive met le Cameroun face au déficit démocratique existant dans la politique classique dans les pays, car c'est une construction difficile à appréhender pour l'État sans avoir

---

[98] P. Bourdieu, « Comment peut-on être sportif ? » dans Bourdieu, Pierre, *Questions de sociologie*, Paris, 1978, pp. 173-195

[99] L. Sindjoun, *L'État ailleurs ; entre noyau dur et case vide.* Lire aussi J.-F. Medard, « L'État en Afrique : la politique du ventre », Revue du livre de J.-F. Bayart, *Corruption and Reform*, n° 5, 1990, p. 71-75.

au préalable déconstruit les schémas élaborés pendant des décennies en cette matière.

Au final, le service public normatif du sport a bien subi une mutation par changement de téléologie. S'il semble nécessaire que l'État camerounais dans l'intensité de *jus facere* sur le domaine sportif reste dans ses limites, il est nécessaire que les organismes sportifs nationaux, régionaux et mondiaux intègrent dans leur réalité que la fragilisation des États ne peut entrainer à la longue que des déséquilibres dans leurs rapports. Comme le disait Montesquieu, théoricien de la séparation des pouvoirs, lorsqu'on remet entre les mains d'une seule autorité le pouvoir de créer le droit (*jus facere*) et celui de dire le droit (*jus dicere*), inéluctablement l'État de droit est en péril[100]. Si l'on ajoute aussi la perception rousseauiste des rapports de force quand il dit que le plus fort n'est jamais assez fort s'il ne transforme sa force en droit et l'obéissance du plus faible en devoir, la posture de l'État devra épouser la sagesse rousseauiste en s'efforçant naturellement de ne pas perdre tous les attributs de ce service public normatif du sport.

La tendance contemporaine est très clairement affichée pour une autonomisation normative des structures sportives nationales à l'image des structures internationales. Comment alors continuer à équilibrer le partenariat ? L'État peut harmoniser son rapport avec les associations sportives au Cameroun en concluant des conventions paritaires comme le consensus de Zurich ou encore la Convention Minjes-Fecafoot pour solidifier la place des deux acteurs dans la chaine de production normative sportive.

---

[100] Montesquieu, *De l'Esprit des Lois*, vol. I, G-F, 1979.

Le pouvoir détenu par les organisations sportives n'est assurément pas comparable au pouvoir politique ou économique. Si les acteurs institutionnels du monde sportif, et certains auteurs[101] estiment qu'un certain pouvoir se manifeste au sein de ces organismes, il faut en conclure que ce n'est qu'un pouvoir « sportif », c'cst-à-dire un pouvoir qui tourne autour des prérogatives sportives exclusivement. La FIFA, le CIO, la NBA, la FIBA, la FIA ne sont pas l'Union africaine, le BRIC, encore moins le G8, G20 ou même le naissant G2. Il serait aujourd'hui et même demain illusoire pour les organismes sportifs de vouloir rivaliser avec l'État. Il leur manquera toujours l'attache territoriale et la souveraineté absolue.

Ce serait, et cela le restera toujours à notre avis, une gageure pour les organismes sportifs, peu importe la cartographie future de leur pouvoir de se comparer, de rivaliser avec l'État. La puissance sportive ne devrait pas avoir la prétention de rivaliser avec l'État sur les éléments fondateurs de son existence. Il faut que ces derniers utilisent des caractéristiques spécifiques de leur puissance, faites d'influence et de lobbying, c'est la *soft power*[102]. Ces dynamiques centripètes constituent le premier niveau de résistance nationale de l'État du Cameroun face à la *lex sportiva* internationale. Les logiques centrifuges en constituent le second palier.

---

[101] Michel Hourcade, Gérald Simon, Pascal Boniface et bien d'autres encore.

[102]Le *soft power* est une notion qu'utilisent les auteurs essentiellement idéalistes des relations internationales, renvoyant à l'usage par l'État d'éléments (culture, économie, sport) plus « mou » que la puissance militaire (dont l'usage est recommandé par les auteurs réalistes) qui est la *« hard power »,* pour la domination dans le système international essentiellement anarchique (sans hégémon stabilisateur).

CHAPITRE II :

DE LA PRÉGNANCE DE LA *LEX SPORTIVA* NATIONALE POUR LES ACTEURS NATIONAUX AU CAMEROUN

Les acteurs nationaux du sport veulent éloigner la *lex sportiva internationale* des organismes sportifs internationaux au profit de la *lex sportiva nationale* au Cameroun.

L'État au Cameroun est basé sur des logiques *« sous-terraines »*[103] que Jean François Bayart a illustré dans l'expression « *l'État rhizome* », pour indiquer qu'il faut absolument prendre en compte dans la compréhension du fonctionnement de cette entité, les racines invisibles de l'État (rhizome).

En effet, toute analyse du tiers-monde ou de l'État en Afrique doit nécessairement dépasser les anciennes grilles paradigmatiques dominantes institutionnelles[104] de l'école française, développementaliste[105] d'inspiration américaine

---

[103] J.F. Bayart, *L'État au Cameroun,* Presse de la FNSP, Paris, 1979, 298p.

[104] Pour cette catégorie de chercheurs sur le tiers-monde ou de l'État africain (P.-F. Gonidec, D.-G. Lavroff, A. Mabileau, J. Meyriat, M. Merle), il est question de prendre en compte essentiellement un lieu, l'État, et son environnement immédiat, les élites sociales et le jeu politique officiel. Toute autre considération ne peut avoir la force explicative de la réalité de l'État en Afrique.

[105] Pour ceux-ci (G. Almond., J.S. Coleman et G. Powell), si la comparaison entre sociétés extraoccidentales (essentiellement africaines) et sociétés occidentales contemporaines montre d'évidentes limites, il convient de mettre en parallèle les premières avec les sociétés européennes de jadis ; car on ne peut comparer deux choses

et dépendentiste[106] de l'écurie conceptuelle latino-américaine n'ayant plus une pertinence opératoire, car essentiellement obnubilée par le « *haut* » et « *l'externe* » comme facteurs explicatifs; pour s'articuler autour de la logique « interniste » dont Jean-François Bayart est pionnier.

Cette logique dite « interniste » ou encore de la compréhension par « le bas » permet d'expliquer les dynamiques souterraines et interactions structurelles informelles de l'État augurant sa configuration visible et invisible[107]. C'est pourquoi il serait important d'analyser le comportement des acteurs de cette interaction entre la *lex sportiva* de l'État du Cameroun et la *lex sportiva* internationale afin d'en expurger les logiques invisibles agissantes et les motivations non inscrites au fronton des actions publiques normatives. L'autre aspect des résistances nationales à l'incursion de la *lex sportiva* internationale au Cameroun est le développement des logiques visant à éloigner les questions normatives du cadre et de la réglementation de la *lex sportiva* internationale. Le centre à éviter est la captation de l'activité normative sportive étatique par les règles des

---

n'ayant aucun critère objectif de comparaison. Cela induit que toutes les sociétés doivent passer par un moule de développement identique, ce qui facilite l'analyse des retards et lenteurs d'une part par rapport à la marche normale de développement emprunté par l'autre en terme comparatif.

[106] S. Amin, *Unequal Development : An Essay on the Social Formations of Peripheral Capitalism,* New York : Monthly Review Press, 1976. Voir aussi S. Amin (sous la dir.), *Mondialisation et accumulation, L'Harmattan,* Paris, 1993, qui défendent la posture selon laquelle la pauvreté, l'instabilité politique et le sous-développement des pays du Sud est la conséquence de processus multidimensionnels mis en place par les pays du Nord augurant la dépendance économique des pays du Sud.

[107] En effet ici l'invisible négligé explique le visible incompréhensible autrement qu'en prenant en compte l'importance de l'invisible.

organisations internationales sportives. Les acteurs nationaux, c'est-à-dire les fédérations nationales, les sportifs, les responsables administratifs[108] et l'État s'organisent autour des comportements coutumiers visant à éviter de recourir aux règles autres que les normes sportives nationales.

Il faut le souligner d'entrée de jeu que ce n'est pas une spécificité camerounaise, car on constate *« l'européanisation »* des aspects normatifs des questions sportives qui s'effectue à l'autel fondateur de l'arrêt 415/93 du 15 décembre 1995 de la Cour de Justice des Communautés, plus connu sous la constellation onomastique de *« l'arrêt Bosman »*. On peut imputer à cet événement de chronique judiciaire un impact retentissant sur la régulation communautaire des activités sportives. Cela a permis de mettre les questions sportives en débat dans les différentes enceintes institutionnelles de l'Union : le Parlement européen, le Comité des régions, la Commission, le Conseil des ministres et le Conseil européen.

En effet, contrairement à la construction juridique et institutionnelle du passage de la préférence associative vers l'arrangement étatique au Cameroun, ce mouvement est effectué sans utiliser les mêmes rouages. L'existence des instances et dimensions de l'arrangement étatique (I) permettent de constater la mise en demeure de la préférence associative dans l'activité normative sportive, donnant lieu à des mécanismes juridiques (II) confortant le recours systématique à la *lex sportiva* nationale.

---

[108] Qui sont pour la majorité des fonctionnaires ou retraités de la fonction publique, ce qui est un paramètre socioanthropologique très important justifiant ce comportement *sui generis*.

I. Les instances et dimensions du recours aux règles sportives étatiques

Il sera intéressant de distinguer les instances (A) et la dimension (B) du recours à la *lex sportiva* nationale au Cameroun, afin de voir l'importance de ce corps de règles sportives par rapport au droit du sport venant des organisations sportives internationales.

I.1. Les instances du recours à la *lex sportiva* nationale du Cameroun.

Au niveau des instances, nous avons des rencontres ponctuelles et l'apport du Comité national olympique et sportif du Cameroun (CNOSC) qui catalysent cet arrangement étatique et en constituent des instances d'échanges. À travers les instances ponctuelles comme le consensus de Zurich, la Convention entre le ministère de la Jeunesse et des Sports et la Fédération camerounaise de football du 18 décembre 2000, le forum national du football 2010, les états généraux du sport de 2010, l'État négocie avec les organismes sportifs nationaux. D'autres instances ponctuelles sont aussi essentiellement les grandes conférences ou fora qui permettent fondamentalement une chose : avoir une cohérence dans l'action managériale et une coaction dans la création normative en matière de sport au Cameroun. Preuve en est que pendant les états généraux du sport, un cadre juridique consensuel avec tous les acteurs a été défini et a permis l'adoption de la loi n°2011 du 15 juillet 2011 relative à l'Organisation et à la Promotion des Activités physiques et sportives au Cameroun. Cette loi, qui abroge la Charte des Activités physiques et sportives de 1996. Elle est la première loi consensuelle dans la gestion du sport au Cameroun.

Aussi, par ces rencontres et contrats avec le monde associatif, l'État continue à instituer des instances permettant qu'il puisse garder la main sur la production normative nonobstant la montée en puissance des organisations sportives internationales prescrivant une certaine indépendance normative à leurs représentants nationaux depuis le début des années 1990. Au Cameroun, l'initiative de ces rencontres et la dimension normative qui sanctionnent très souvent leurs tenues viennent toujours de l'État. Mieux encore, l'analyse des actes préparatoires des rencontres organisées par l'État sans que les acteurs associatifs soient associés démontre la mise à l'écart de ces derniers au Cameroun, cela n'exclut pas que l'État échange avec eux à un degré d'intensité appréciable pour des réunions de coordination, d'information ou d'évaluation. Mais quand il s'agit de la conception et l'adoption de l'ordre du jour desdites assises, l'État prend l'initiative en la matière, ainsi que dans la gestion de l'opportunité de la tenue des rencontres.

Aussi faudrait-il prendre en compte le statut des membres des différentes associations sportives nationales. En général, des agents de l'État de haut niveau[109] dirigent celles-ci ou alors en sont les membres influents, ce qui ne permet pas qu'une relation professionnelle puisse s'établir. Car d'un côté nous devons avoir le bloc associatif avec ses besoins, demandes, philosophies et intérêts à défendre qui seraient nécessairement adossés sur les exigences et recommandations des organisations sportives internationales, et de l'autre côté, on devrait avoir le bloc sportif étatique qui incarne les désidératas de l'État en la matière. Ce qui devrait entrainer un débat, un dialogue institutionnel entre les autorités et surtout les

[109] Ministres, Directeurs généraux, Directeurs, Généraux d'armée, Secrétaires généraux de ministères.

normes des deux mondes, mais ce n'est pas le cas au Cameroun parce que les acteurs appartiennent aux deux blocs à un niveau décisionnel très élevé[110]. Cette situation augure des liens complexes qu'il faudra démêler pour la cohabitation entre les deux institutions. Ces blocs ne sont pas étanches, les acteurs appartenant aux deux cercles ayant des intérêts divergents, mais recherchant la construction du même objet qu'est le sport[111]. Cela n'est pas interdit pratiquement, mais cette immixtion des hommes politiques dans les méandres des fédérations sportives peut permettre de qualifier le monde associatif sportif de « *Laboratoire d'exercice de la politique au Cameroun* ».

Dans la même lancée et avant cette étude, Prosper Nkou Mvondo fustigeait déjà dans son étude sur la Fecafoot le fait que « plus encore, cette fédération a toujours été dirigée par des fonctionnaires de l'État. Les Assemblées de la Fecafoot (...) sont remplies de fonctionnaires de l'État : ministres, anciens ministres, députés, maires des communes, agent de l'Administration publique, hauts gradés des forces publiques... »[112].

Même s'il faut relever chez l'auteur une tendance à l'exagération à travers l'usage du terme « *sont remplies* », il faut souligner qu'il insiste uniquement sur le fait que la majorité des membres de ces organes sont encore actifs

---

[110] Si on prend les présidents de la Fédération camerounaise de football, on constate que Maha Dayer (1993-1996) et Vincent Onana (1996-1998) sont des professeurs d'EPS c'est-à-dire des fonctionnaires du ministère en charge des Sports. Iya Mohamed (depuis 1999) est le Directeur de la Société d'État SODECOTON où il est nommé par Décret du Président de la République. Il faut bien préciser que la Fécafoot est une association privée ayant une mission de service public.

[111] G. Gurvitch, *Éléments de sociologie juridique*, Aubier, Paris, 1940.

[112] P. Nkou Mvondo, *Le football camerounais en péril*, op. cit., p. 94.

comme agents de l'État ; ce qui au final ne présage pas forcément d'un délit, mais fait présumer une collusion d'intérêt entre le rôle de contrôle et d'exécution. Comment être impartial dans ce cas lorsqu'on change de fonction au gré des casquettes ? L'impartialité requise peut aussi être le fait d'un membre qui n'est pas agent de l'État, mais sujet à des comportements contre nature. L'auteur va plus loin en démontrant que les commissions techniques, spécialisées et de disciplines regorgent de hauts fonctionnaires venus du ministère en charge des Sports censé assurer uniquement la tutelle[113]. Nous partageons la conclusion de l'auteur quand il estime que tous ces mélanges de genres donnent le sentiment que les fédérations sont des institutions étatiques dans lesquelles des clubs ne sont pas membres, mais des administrés.

Il n'y a pas une collusion objective entre l'appartenance à une institution publique et à une association privée au niveau de l'administration décisionnelle. Nous sommes tous plus ou moins membres de ces deux sphères. Le problème à ce niveau est que quand il faut défendre les intérêts de l'association devant l'État, l'administrateur sportif d'origine étatique n'aura pas le même ressort idéologique que l'administrateur sportif d'origine associative.

Le premier aura tendance à appliquer la réserve, le respect de la hiérarchie et bien d'autres principes cardinaux du fonctionnement de l'appareil administratif qui, au final, ne permettront pas d'être un avocat des

[113] Présence du Directeur des Sports de Haut Niveau du ministère en charge des Sports comme membre de la Commission des Finances de la Fécafoot (voir p. 94 du livre de l'auteur). Mais surtout la décision n°035/FCF/PDT du 24 novembre 2009 du président de la Fécafoot consultable en Annexe du livre de l'auteur.

fédérations sans avoir des pesanteurs obstétricales[114]. Encore qu'une attitude trop véhémente dudit administrateur sportif d'origine étatique pourrait être interprétée comme un manquement aux obligations de fonctionnaire et avoir des répercussions sur sa carrière. Le second, c'est-à-dire le dirigeant sportif d'origine associative, semble plus libre face à l'État, il est un interlocuteur décomplexé sans aucune pesanteur et pourra aisément défendre les intérêts du monde associatif.

Bien plus, c'est la récurrence et une certaine permanence du modèle d'Administrateur, essentiellement des hauts fonctionnaires, dans les fédérations sportives qui amèneraient à penser, qu'ils y emmènent socio-anthropologiquement la continuation de l'État et les méthodes ou principes de celui-ci. Même si on peut aussi dire qu'il y a des sportifs qui intègrent le milieu décisionnel exécutif au Cameroun n'entrainant pas forcément une meilleure prise en compte des intérêts du monde associatif[115]. Il faut *in fine* constater la double pénétration alternative des acteurs de chaque bloc dans un système de va-et-vient. Aussi, la célébrité qui entoure les

---

[114] Nous le constatons par exemple avec la Chambre de Conciliation et d'Arbitrage du Comité national olympique et sportif du Cameroun. La majorité des membres sont soit magistrat (Président) ou anciens fonctionnaires. L'article 59 alinéa 3 de la Loi de 2011 au Cameroun recommande que *« les fédérations sportives nationales sont tenues d'inscrire dans leurs statuts une clause compromissoire liée à la saisine de la Chambre de Conciliation et d'Arbitrage en cas de conflits d'ordre sportif »* ; dans son étude précitée datant de 2012, Franck Romuald Dey Yelem constate qu'un an après la promulgation de la loi, seule la Fecafoot l'a fait et il interroge l'attitude passive de la CCA du CNOSC devant une disposition qu'elle doit pourtant défendre.

[115] Encore que ce soit en proportion marginale à un niveau pas très critique, Albert Roger Mila est ambassadeur itinérant, alors que Théophile Abega était maire d'une commune de Yaoundé ; pour ne citer que ces derniers.

meilleurs footballeurs donne le droit à certains de se croire investis d'un destin d'homme politique ministériel à l'exemple d'Edson Arantes Donacimento (Pelé) qui fut ministre des Sports au Brésil et de George Weah, qui est actuellement le chef d'État du Libéria.

Ces interactions justifient les *outputs* qui permettent d'établir les résultats d'interactions ou de contacts entre les deux ordres d'acteurs à deux niveaux : c'est la récupération politique des victoires sportives[116], et le fait que le sport soit au secours des crises politiques en lieu et place de la diplomatie. Combien de fois aurons-nous entendu le chef de l'État du Cameroun prendre pour exemple « *les Lions Indomptables* » qui gagnent ? Combien de fois après chaque campagne victorieuse, cette onction étatique se manifestant par une cérémonie de décoration ou de réception au palais de l'unité, l'encrant dans nos us au point de paraître obligatoire ?

N'avait-on pas entendu des candidats à une élection nationale s'identifier aux « *Lions indomptables* »[117] pour rappeler au peuple un esprit ? Mais il faut aussi souligner que les partis de l'opposition ne sont pas en reste. En cas de défaite sportive, c'est l'occasion pour eux d'avoir une tribune pour dire que tout va mal au Cameroun et rien n'est fait, espérant que les amateurs de football meurtris par la défaite sportive leur prêteront une oreille attentive. Au-delà de tout cela, on voit le sport venir au secours des grandes crises politiques. Le terme *« venir au secours »* prend tout son sens ici, car au moins pendant l'événement

---

[116] R. Poli, *Le football et identité, les sentiments d'appartenance en question*, *CIES*, Neuchâtel, 2005.

[117] Nom de l'équipe nationale de football du Cameroun. « *L'homme lion* » était le slogan du parti Rassemblement démocratique du peuple camerounais (RDPC) pour les élections présidentielles d'octobre 1997.

footballistique, parfois la guerre s'arrête un peu[118]. C'était aussi le cas lors du fameux match Iran/ États-Unis pendant la Coupe du Monde 1998 en France qui a permis un échange diplomatique inexistant et improbable en dehors des terrains de football[119]. Au Cameroun, la qualification à la Coupe du Monde de 1994 a participé à la détente du climat politique particulièrement lourd après les mouvements sociaux de 1990 à 1993.

Il apparaît *in fine* que les deux ordres sont en définitive comme le président des États-Unis et le Congrès américain, c'est-à-dire un couple d'associés rivaux. Si l'un ne peut rien sans l'autre, c'est dire qu'ils ont besoin l'un de l'autre pour donner la pleine expression de leur mesure. Il faut dire qu'il y a une forte pénétration des acteurs politiques dans l'administration du sport national au Cameroun, induisant des effets sur sa puissance et sa faculté normative. On a encore à l'esprit l'opération « *coup de cœur* » qui a suscité une vive émotion nationale, car organisée par le Gouvernement camerounais pour permettre une participation digne des *« Lions Indomptables »* à la coupe du monde 1994.

Au-delà du manque d'élégance des hommes devant gérer cette opération, c'est l'expression de l'identité politique, économique et sociale que le Cameroun connaissait qui est à noter pour l'histoire. Le politique à travers cette action a aidé les Camerounais à saisir ce qu'est une Nation. C'est dommage que les hommes au service de cette noble cause regardassent ailleurs, car la Nation n'est pas l'État, c'est la fusion en une force

[118] C'est le cas de la trêve observée par les tendances bellicistes en Côte-d'Ivoire pendant la Coupe d'Afrique des Nations 2006 espérant un succès de la Côte- d'ivoire.
[119] M. Hourcade, *Le sport-system*, Syro, Paris, 1986.

incandescente de tribus et de peuples naviguant vers un but ultime[120].

L'ensemble de ces instances et dimensions de l'interaction entre les deux ordres normatifs, à travers les acteurs qui en assurent l'administration, nous donne une image de leur spécificité organisationnelle au Cameroun. Celle-ci est basée sur la densité et l'intensité des dynamiques interpersonnelles, auxquelles il faut ajouter les rapports officiels que devraient logiquement entretenir ces deux sphères. Sans doute que prendre en compte les différentes dimensions des membres administratifs de ce monde associatif sportif camerounais permet de comprendre l'étroitesse des passerelles entre les deux mondes.

Le Comité national olympique et sportif du Cameroun est une instance d'arrangement étatique reconnue par tous les acteurs nationaux du sport selon la loi n° 2011/018 du 15 juillet 2011 et celle loi n° 2018-014 du 11 juillet 2018 qui l'a abrogé. L'article 94 de la loi de 2018 énonce que :

> *« ((1) Les litiges d'ordre sportif opposant les associations sportives, les sociétés sportives, les licenciés et les fédérations sportives sont résolus en premier ressort suivant les règles propres à chaque structure sportive.*
>
> *(2) Les fédérations sportives sont tenues d'inscrire, dans leurs statuts, une clause compromissoire ou la possibilité de recourir à un compromis d'arbitrage devant la Chambre de conciliation et d'arbitrage siégeant en matière d'arbitrage, en cas de conflits d'ordre sportif »*

En ce qui concerne l'épuisement des voies de recours internes, si une lecture minutieuse de l'article 95 de la loi de 2018 disposant que *« En cas d'épuisement des voies de recours internes à la structure sportive concernée, le litige peut être porté en dernier ressort au plan national, selon*

---

[120] G. Gurvitch, *Éléments de sociologie juridique*, op. cit., p. 67.

le cas : soit devant la Chambre de conciliation et d'arbitrage du Comité national olympique et sportif du Cameroun ; soit devant les juridictions administratives ou de droit commun, eu égard à la nature du litige, conformément à la législation en vigueur » ; nous permet de constater que tout le recours fédéral est ramené au *« premier degré »* de juridiction sportive. Il n'existe plus de juridiction sportive fédérale de deuxième degré, le bureau exécutif ne constitue plus *« l'organe suprême d'appel dans la procédure disciplinaire »*. La Chambre de Conciliation et d'Arbitrage du Comité national olympique et sportif (CCA) du Cameroun constitue la seule instance sportive de dernier ressort au plan national. Mais il faut alors préciser que le législateur aurait pu en faire une instance obligatoire comme en France ou en Espagne, il a plutôt utilisé la formule *« peut-être porté »* et non *« doit être porté »* ; indiquant par celle-ci qu'il laisse le soin aux acteurs associatifs de choisir. L'énumération de l'article 95 confirme cette latitude laissée au justiciable sportif dans le choix des modalités de recours allant du droit commun à la justice sportive. Nous aurions préféré que le législateur camerounais soit plus courageux et qu'il prenne une formule obligatoire pour le recours devant la Chambre de Conciliation et d'Arbitrage du CNOSC (CCA), afin d'harmoniser le contentieux sportif interne au Cameroun.

Nos espoirs resteront donc vains, car le législateur de 2018, moins de sept années plus tard viendra consacrer à l'article 96 le rôle de cette chambre de conciliation du CNOSC, en précisant de manière *« obligatoire »*, cette fois la, donc c'est vraiment un choix possible selon les cas, que :

> *« (1) Les litiges portés devant la Chambre de conciliation et d'arbitrage font l'objet d'une conciliation préalable et obligatoire.*

(2) En cas de non-conciliation totale ou partielle, et en l'absence d'un accord sur la compétence de la Chambre de Conciliation et d'Arbitrage du CNOSC en matière d'arbitrage, le procès-verbal de non-conciliation totale ou partielle, ou l'acte qui en tient lieu, est réputé constituer une décision en dernier ressort au plan national ».

Les litiges portés devant la CCA font l'objet de conciliation et d'arbitrage, *« préalable et obligatoire »*, il faut constater clairement la prise de position *expressis verbis* du législateur sportif au Cameroun dans le cadre de la manière dont le contentieux devrait se conduire au sein de cette instance. D'abord l'ordre procédural, conciliation *« et »,* soulignons bien le *« et »*, arbitrage ; cela relève d'un ordre précis, prescrit aux différents acteurs dudit contentieux et à la chambre elle-même ; cela induit donc des droits pour la partie lésée par le non-respect de cet ordre légal de la procédure. Enfin, cette instruction se veut « préalable et obligatoire », « prealable », même si les parties ne l'ont pas sollicité dans cet ordre, la haute chambre devrait les y « contraindre », car la légalité des décisions ultérieures en dépendra afin d'éviter le vice de malformation de ces dernières. C'est une posture intéressante du législateur sportif, fruit sûrement de multiples procédures au sein de cette CCA et de l'impression de son rôle complexe dans l'espace public sportif au Cameroun, au moins la réaction du législateur est identifiable, peu importe l'appréciation qui peut en être faite juridiquement.

Les fédérations sportives doivent urgemment réorganiser la procédure disciplinaire en intégrant dans leurs textes une clause compromissoire liée à la saisine de la chambre de conciliation et d'arbitrage du Comité national olympique et Sportif du Cameroun.

I.2. Les dimensions du recours aux règles sportives de l'État

Les dimensions de cet arrangement étatique sont perceptibles dans l'utilisation des règles étatiques classiques pour légiférer dans un domaine sportif non couvert par une réglementation spécifique.

Au demeurant, les instances d'arrangement normatif sont ponctuelles[121] et permanentes sous la coupole du Comité national olympique et sportif du Cameroun. Rappelons aussi que les dimensions sont institutionnelles, conventionnelles à caractère essentiellement bilatéral. Quand on revoit ces instances et dimensions de l'arrangement normatif entre l'État et les acteurs du sport, on a aussi souligné la permanence, ainsi que la « bi-appartenance » des administrateurs des deux ordres aux deux institutions avec une prégnance opératoire pour la logique stato-centrée. Cet état des choses crée les conditions favorables pour la mise en demeure de la préférence associative ayant cours dans les milieux sportifs au Cameroun.

La « *préférence associative* » dans le sport, s'illustre facilement à travers l'usage de la clause compromissoire par les instances sportives, ayant pour objectif d'affirmer la préférence du règlement associatif par rapport au règlement venu d'autres instances. Dans notre cas, ce sont les instances « nationales »[122] plutôt qu' « internationales »[123] que les acteurs du sport préfèrent. Reconnaissons rapidement qu'une clause compromissoire est une stipulation conventionnelle par laquelle les parties s'engagent, en cas de survenance d'un litige, à recourir exclusivement et obligatoirement d'abord à l'arbitrage, ce

---

[121] Conférences, rencontres et contrats internationaux.
[122] Les recours associatifs sportifs nationaux.
[123] Essentiellement le recours au Tribunal arbitral du Sport.

avec pour objectif fondamental d'éluder le recours aux instances étatiques.

Constatons que l'analyse structurelle du mouvement sportif de la majorité des auteurs[124] présente l'action, quelle que soit sa nature de l'État vis-à-vis des institutions sportives internationales comme une action indirecte menée à travers l'association nationale. En d'autres termes, depuis que les interactions institutionnelles entre les États et les organisations sportives internationales sont envisagées, il est reconnu et consacré que ces rapports sont indirects ou se font à travers l'association nationale (ou fédération) représentant la discipline sportive au niveau national. Cela induit *ipso facto* qu'il n'existerait pas de rapports directs entre les deux institutions, et qu'au sein des associations sportives nationales, il y aurait une préférence associative qui serait la règle. C'est en effet une réalité juridique affirmée et même consacrée aujourd'hui encore qui n'obéit plus vraiment à la réalité sociologique.

C'est la raison pour laquelle il semble important de conformer et d'adapter la réalité du droit positif contenu dans les instruments normatifs sportifs nationaux et même internationaux à la réalité de ces rapports directs, qui sont prépondérants et presque exclusifs au Cameroun. Au Cameroun, les contacts directs entre l'État et les organismes sportifs internationaux sont très visibles aujourd'hui.

Par exemple dans les textes de la FIFA, l'État est présent *par ricochet*, c'est-à-dire qu'il n'existe qu'à travers l'association nationale responsable de l'organisation et du contrôle du football[125] alors que dans

---

[124] E. Bournazel, J. Honorat, J.-P. Karaquillo, F. Alaphilippe, L. Silance, G. Simon, F.-C. Dikoume, F. Latty.

[125] L'article 10 alinéa 1 des statuts de la FIFA, édition 2011: *« peut devenir membre de la FIFA toute association responsable de*

la majorité d'organisations internationales la coutume voudrait que la qualité de membre soit subordonnée à l'accession à l'indépendance, et à la reconnaissance internationale d'un État. Il faut constater que pour la FIFA, seules les nations[126] et non les États[127] sont prises en compte pour former ses membres. Il est aussi important de signaler à ce niveau qu'aucune référence aux normes nationales des États n'est effectuée dans les statuts de la plupart des organisations sportives internationales.

Nous postulons pour l'existence des relations directes entre les États et les organisations internationales sportives à un niveau sociologique. Les relations directes entre les États et les fédérations sportives existent[128], au moins des correspondances officielles aux gouvernements[129]. Le

---

l'organisation et du contrôle du football dans un pays. Par 'pays' on entend dans ce contexte un État indépendant reconnu par la communauté internationale. Sous réserve des exceptions prévues aux al 5 et 6, la FIFA ne reconnaît qu'une seule association par pays ».

126 La nation est un sentiment d'appartenance à une société organisée historiquement même si l'on manque certains éléments fondamentaux d'un État comme le territoire, la population, le pouvoir politique, la souveraineté et la reconnaissance internationale. La Fédération palestinienne de football a été créée en 1962, est reconnue par la FIFA qu'en 1998, après la création de l'Autorité palestinienne. La Palestine n'est pas encore considérée comme un Etat, mais en tant que nation elle est acceptée par la FIFA.

127 *Souveraineté, reconnaissance internationale et éléments caractéristiques.*

128 M. Hourcade, « Le sport et l'État de droit : Approche sociologique », op. cit., p. 149.

129 F.-C. Dikoume et P. Kosyakbe, « Les rapports entre l'État du Cameroun et la Fédération internationale de football association (FIFA) », Bournazel (Sous la Dir), *Op Cit*, p 199 : « *(...) un deuxième message daté du 3 mai 1994 est adressé* (par la FIFA) *à la Fédération, mais aussi au ministère de la Jeunesse et des Sports dans lequel on peut lire'... si les interférences gouvernementales dans les activités des fédérations persistent, la FIFA sera contrainte de suspendre cette association nationale ».*

constat de cette relation directe semble surprendre *« (...) au 16 octobre 1998 (...) Michel Zen Ruffinen, secrétaire général de la FIFA, adresse une correspondance au secrétaire général de la présidence de la République du Cameroun (...), on se demande pourquoi le secrétaire général de la FIFA a préféré écrire au secrétaire général de la présidence de la République alors que le Cameroun dispose d'un département ministériel en charge des sports »*[130] .

Nous le constatons, même si ce ne sont pas des voies institutionnelles ou juridiquement établies, même si c'est pour du lobbying, il y a indéniablement des rencontres directes où les représentants institutionnels des États demandent quelque chose aux institutions sportives internationales.

Au vu de l'analyse qui précède, il est indéniable qu'il existe des *« représailles sportives »* ou encore *« une contrainte sportive »*[131] adossées sur ce que Gérald Simon appelle « *la puissance sportive* » et qui ne peut être raisonnablement ignorée entre les États multipliant les signes d'allégeance en vue d'obtenir l'organisation des compétitions sportives et les institutions sportives. Nous décelons à travers cette voie *« essentiellement relationnelle »* la possibilité pour l'État du Cameroun d'invoquer directement auprès des institutions sportives internationales l'application d'une norme de l'ordre sportif international ou classique afin d'éviter d'être sanctionné[132]. On pourrait nous rétorquer à juste titre

---

[130] F.-C. Dikoume et P. Kosyakbe, Ibid., p. 200.

[131] L.-T. Dimi, Aspects juridiques et sociologiques des relations entre États et ONG transnationales de sport, op. cit., p. 26.

[132] F.C. Dikoume et P. Kosyakbe, op.cit., p. 204 : *« La suspension de la FECAFOOT le 4 janvier 1999 et la levée de celle-ci sur la demande du Premier ministre, chef du Gouvernement camerounais atteste (...) »*.

qu'une action hors du droit classique ne saurait être assimilée à l'invocabilité que Gérard Cornu définit comme la faculté d'un justiciable *« de requérir devant les institutions et autorités judiciaires l'application d'une norme (ou d'une disposition particulière) juridique quelconque composant l'ordre juridique général »*[133]. Cela n'est pas inexact, mais est-ce que le Cameroun en utilisant ce vecteur « non juridique » n'a pas formulé une demande à la FIFA, en sollicitant une application particulière de la *lex FIFA* ?

Est-ce que le Premier ministre, chef du Gouvernement du Cameroun en 1999 en demandant à la FIFA la levée de la suspension[134] de la FECAFOOT n'exerce pas par ricochet sa liberté, quoique détournée d'invoquer la *lex sportiva* internationale au nom de l'État du Cameroun ? Même s'il est difficile d'encourager l'État à employer constamment la sphère relationnelle avec les autorités sportives pour faire une demande, il convient tout de même d'accepter que c'est une action au résultat identique que l'invocabilité juridique classique.

Donner une réponse négative aux questions qui viennent d'être posées, revient à avoir une conception du pluralisme juridique étriquée, car cette notion permet selon Luc Silance *« d'étendre le raisonnement relatif à l'organisation juridique d'un État à d'autres sources que le droit national ou étatique »*[135]. Il semble que *« le droit d'une société s'ordonne ainsi autour des limites des sphères d'action de chacun dans les domaines qu'elle tient pour vitaux : il est à la fois consensus sur ces limites et*

---

[133] G. Cornu (Sous la dir) *Vocabulaire juridique*, PUF, collection quadrige dico poche, 9e édition, op. cit.,

[134] F.C.Dikoume et P. Kosyakbe, op. cit., p. 204.

[135] L. Silance, « Les ordres juridiques dans le sport » Bournazel (E.) (sous la Dir), *Sport et Droit, Bruylant*, Bruxelles, 2000, p. 117.

pratiques, visant ou aboutissant à les confirmer ou à les déplacer. Ainsi défini, le droit n'est lié par nature ni à l'existence d'un État, ni à la formulation de règles, ni à la reconnaissance de sa rationalité.»[136].

Nous décelons dans l'attitude de l'État du Cameroun une véritable *« action »* ayant pour prétention d'exiger l'application d'un consensus, car la sphère d'action de l'État dans le mouvement sportif est limitée. Sur la base de cette analyse, l'État peut dans des situations données invoquer l'application des règles de consensus, ce qui revient implicitement à lui (l'État) reconnaître la liberté d'utiliser l'association nationale ou la voie directe pour atteindre un consensus avec les institutions sportives. Au demeurant, n'est-il pas bénéfique pour ces deux parties, au vu de cette dernière analyse ? Cet état des choses, doublé du fait qu'accepter que le sportif malgré l'adhésion volontaire au système fédéral a des droits autres que ceux que lui confère ce lien juridique corporatiste n'est pas évident. Parce qu'à travers cette adhésion volontaire, le sportif confirme son engagement à se conformer à l'ensemble des règles de la discipline, c'est une soumission librement consentie[137].

Cette vision de la nature des relations entre les groupements sportifs et ses membres basés sur un contrat d'adhésion a fait l'objet d'un rejet jurisprudentiel en France, notamment à travers *l'arrêt Fédérations des industries françaises des articles de sport*[138] *en 1974.* Le Conseil d'État dans cette affaire considère que les fédérations sportives exercent en vertu d'une délégation

---

[136] M. Alliot, « Anthropologie et juristique. sur les conditions de l'élaboration d'une science du Droit », *Bulletin de liaison du LAJP*, n°6, Paris, 1983, pp. 83-117.

[137] G. Simon, « Les fondements du droit du sport », Bournazel (Sous la Dir), op. cit., p. 94.

[138] CE, 22 novembre 1974, Rec. Leb, Concl. Théry.

ministérielle une mission de service public et les actions prises pendant son exercice sont susceptibles d'être soumises au droit administratif et au contrôle du juge administratif, position confirmée dans l'arrêt Hechter.

Au Cameroun, dans un premier temps, *l'Affaire Aigle royal de Dschang « El pacha » c/ État du Cameroun et ministère de la Jeunesse et des Sports* [139]du 25 mai 1989 au-delà des silences et des décisions implicites confirment l'affirmation de la compétence du juge administratif pour connaitre du contentieux disciplinaire des fédérations sportives[140]. Ensuite, le juge camerounais dans l'affaire Dutchou opère un revirement jurisprudentiel en considérant que les fédérations sportives sont des associations privées et que leurs actions ne peuvent faire l'objet de contentieux administratif.

Nous pensons qu'il est important de souligner que *« toute clause par laquelle un règlement fédéral (...) imposerait aux licenciées et aux clubs affiliés de soumettre à l'arbitrage 'les litiges sportifs' auxquels ils sont parties, ou encore, toute disposition d'un règlement d'une fédération internationale qui exigerait qu'une fédération sportive(...) affiliée interdise à ses membres de faire trancher leurs 'différends sportifs' par des juridictions publiques, serait sûrement juridiquement inefficace-annulable. »*[141].

Cette position est recevable sur le plan du droit positif, mais concrètement la préférence associative va jouer de manière coutumière, c'est-à-dire que les membres des clubs ayant souscrit à ces clauses vont s'y plier sans les dénoncer devant un autre juge. L'*« inefficacité et l'annulabilité »,* dont fait référence Jean-Pierre Karaquillo,

---

[139] CS-CA, jugement n°48/88-89 du 25 mai 1989.
[140] R-G Nlep, « Le Sport au Cameroun », op. cit., pp. 43-48.
[141] J-P Karaquillo, *Le droit du sport,* op. cit., p. 89.

ne pourront être actées qu'à la condition que l'acte ou le fait querellé le soit devant un juge autre que le juge sportif. L'acquisition de cet esprit processuel par les membres des associations sportives est une réalité à parfaire de nos jours, parce que ces derniers ne saisissent la justice ordinaire que dans des situations extrêmes et trop rares par rapport au nombre de situations litigieuses dans ces instances sportives.

In fine, l'applicabilité de la *lex sportiva* internationale est contenue dans l'expression corporatiste. En effet, le Cameroun à travers ses institutions judiciaires n'envisage pas l'applicabilité des règles venues de la communauté sportive. Mais au contraire, le Cameroun édicte une intense *lex sportiva* étatique qui interfèrent dans la compétence matérielle des normes sportives internationales. Il écarte la préférence associative et normalise l'arrangement étatique, cela n'est possible que lorsqu'une reconnaissance mutuelle des acteurs nationaux du sport s'est opérée par l'État.

II. Les mécanismes juridiques de recours aux règles sportives étatiques du Cameroun

Le recours aux règles sportives étatiques est consacré par des textes (II.1) au Cameroun, mais il faut constater que nonobstant cette prétention, la démocratie sportive (II.2) a un peu rétréci le domaine d'action de ces règles.

II.1. Le recours aux règles sportives étatiques prévues par les textes au Cameroun.

Les mécanismes de reconnaissance des acteurs nationaux du sport étaient importants, car de 1960 à 1990 l'État n'a laissé aux autres acteurs du mouvement sportif national qu'une portion congrue de l'activité normative en matière sportive. Il a donc fallu au Cameroun un certain temps pour reconnaître et prendre en compte ces différents acteurs du sport dans l'élaboration et la mise en œuvre d'une politique juridique sportive nationale.

Il faut aussi souligner que seul l'État était mentionné dans les textes juridiques, qui avaient des pouvoirs législatifs très importants sur le sport. Aujourd'hui, beaucoup d'acteurs périphériques tournent autour du sport et sont aussi nommément pris en compte nommément dans les textes juridiques. Avec l'interaction entre la l*ex sportiva* et la *lex mercatoria*[142] au niveau international, cela permet la commercialisation du sport qui selon Franck Latty a « *amené le juge national à connaitre fréquemment de ce contentieux* (sportif) »[143]. Pour l'essentiel, ces mécanismes de reconnaissance mutuelle des acteurs sont basés sur leur consécration législative et la prise en compte des capacités de *jus facere* mutuelle.

Nous le constatons dans toute la nomenclature des textes juridiques au Cameroun, le seul acteur auquel les règles faisaient référence était l'État. Cette « *reconnaissance mutuelle* » va ressortir du dialogue exégétique virtuel que nous allons opérer à partir de deux textes législatifs. La charte abrogée des Activités physiques et sportives (APS) de 1996, qui charrie l'esprit de la période 1960-1990, et autant que les lois de 2011 auxquelles a succédé celle de 2018 qui sont conforme aux aspirations de la démocratie sportive en matière normative.

Si, par exemple pour revenir sur elle, la charte abrogée des APS de 1996 au Cameroun disposait :

> *«_Article 3 : L'État est responsable_de l'enseignement de l'éducation physique et sportive. À ce titre, les programmes*

[142] B. Koler, « Lex sportiva and Lex mercatoria », R.C.R.Siekmann et Janwillem Soek (sous la Dir), *Lex sportiva: What is sports law ?*, T.M.C. asser Press, 2012, pp. 223-234.

[143] F. Latty, *La lex sportiva – Recherche sur le droit transnational,* op. cit., p. 521.

scolaires ou universitaires arrêtés par le ministre chargé de l'éducation nationale ou, selon le cas, le ministre chargé de l'enseignement supérieur comportent, sur proposition du ministre chargé des sports en liaison avec toutes les parties intéressées, des enseignements obligatoires d'éducation physique et sportive.

Article 4 : (1) L'État concourt à la promotion des activités physiques et sportives ainsi que du sport de haut niveau, en liaison avec les collectivités locales, les personnes morales de droit public ou de droit privé, les fédérations ou associations sportives et les institutions à caractère social et/ou éducatif.

(2)-L'État garantit_la création de groupement destiné à la pratique des activités physiques et sportives. Il participe, en tant que de besoin, à la formation et au perfectionnement des personnels qualifiés pour l'encadrement de la pratique des activités physiques et sportives, ainsi que du sport de haut niveau.

(3) Les dispositions de l'alinéa 2 ci-dessus, ne font pas obstacle aux initiatives dans ces matières que pourraient prendre les collectivités locales, les personnes morales de droit public ou droit privé, les fédérations ou associations sportives et les institutions à caractère social et/ou éducatif. »

La loi abrogée de 2011 disposait quant à elle que :

« Article 1: La présente loi régit l'organisation et la promotion des activités physiques et sportives .Elle vise à :

-instaurer la confiance et une entente mutuelle entre les acteurs du mouvement sportif national dans le respect de leurs droits légitimes ;

-promouvoir et développer la pratique du sport et de l'éducation physique en milieu ouvert, scolaire, universitaire, professionnel et carcéral ;

-contribuer à l'enracinement des valeurs cardinales véhiculées par le sport en tant qu'élément fondamental de l'éducation à la citoyenneté, à la culture et à la vie sociale ;

Article 3:-(1) L'État détermine la politique de développement de l'éducation physique et des sports et s'assure de sa mise en œuvre.

(2) Le développement des activités physiques et sportives et du sport de haut niveau incombe à l'État et au mouvement sportif national constitué d'associations et des fédérations sportives.

(3) L'État et les collectivités territoriales décentralisées, en relation avec le Comité national olympique et sportif du Cameroun, le Comité national Paralympique Camerounais, les fédérations sportives nationales, ainsi que toute personne physique ou morale de droit public ou privé, assurent la promotion et le développement du sport et de l'éducation physique.

Article 6:-(1) L'éducation physique et sportive est l'ensemble des activités physiques et sportives propres à favoriser le développement harmonieux du corps et propices à l'exercice de la responsabilité individuelle et collective des citoyens.

(3) Après les concertations nécessaires, le ministre en charge des sports définit les programmes d'enseignement de l'éducation physique et sportive.

Article 54 :-(1) Le ministre en charge des sports, définit, de concert avec le Comité national olympique et sportif du Cameroun, le Comité national Paralympique Camerounais et les fédérations sportives nationales, la stratégie nationale dans le domaine des relations avec les instances sportives internationales ».

La loi nouvelle loi de 2018 dispose quant à elle que :

« Article 1er.- La présente loi régit l'organisation et la promotion des activités physiques et sportives au Cameroun. Elle vise notamment à:

- *organiser et développer la pratique des activités physiques et sportives;*
- *promouvoir la coordination des interventions des acteurs du mouvement sportif national dans le respect de leurs droits et devoirs;*

Article 3.- (1) L'État détermine la politique nationale d'organisation et de promotion des activités physiques et sportives et veille à sa mise en œuvre.

Article 22.- L'État veille à la promotion du sport de haut niveau à travers la mise en place des pôles de développement sur le territoire national, en liaison avec les Collectivités territoriales décentralisées, le Comité national olympique sportif du Cameroun, le Comité national paralympique camerounais et les fédérations sportives.

Article 23.- (1) L'État coordonne, en liaison avec le Comité national olympique sportif du Cameroun, le Comité national paralympique camerounais et les fédérations sportives nationales concernées, la prise en charge du sport de haut niveau en vue de la préparation et de la participation des athlètes aux compétitions internationales.

Article 64.- (1) L'État assure et contrôle, en liaison avec les parties intéressées, l'organisation des formations conduisant aux métiers du sport et la délivrance des diplômes correspondants.

Article 87.- (1) Le ministère en charge des sports exerce la tutelle de l'État sur les associations sportives, notamment les clubs sportifs, les ligues sportives et les fédérations sportives.

Article 88.- (1) L'État assure la tutelle sur les fédérations sportives nationales, sans préjudice du recours aux mécanismes conventionnels.

Article 90.-Le ministre chargé de sports met en œuvre la politique sportive internationale du Gouvernement, en liaison avec le ministère en charge des relations extérieures, et après consultation du CNOSC, du CNPC et des fédérations sportives civiles nationales »

De 1996 à 2018 en passant par 2011, les éléments de langage, que dégage le lex lata des lois sur le sport au Cameroun, démontrent à suffisance comment l'État dans son comportement avec les autres acteurs de l'espace public sportif essaye d'organiser, de négocier même dirons-nous sa collaboration. Car depuis le début des années 1990, comme nous l'avons démontré plus haut la nécessité de collaborer avec ses « partenaires » s'impose, mais à travers le recours à certains termes dans la loi « *conduit* », « *met en œuvre en liaison* », *« assure le contrôle* », « *determine* », « *coordonne en liaison* », l'État professe sa centralité dominante certes, mais confesse aussi, quoique de manière évanescente l'existence des partenaires dont il faut désormais tenir compte, et surtout a qui il faut faire une place. C'est sur ce dernier aspect que cette intense activité législative de 1996, 2011, 2018 cristallise le comportement du législateur sportif au Cameroun.

La mise en perspective de ces instruments législatifs sportifs produits par l'État du Cameroun, nous permet de voir qu'il y'a une innovation lexicologique par le détenteur exclusif de la puissance de *jus facere* national. Forcément, les éléments de compréhension de cette rupture épistémologico-philosophique se recrutent dans la trame de fond explicative de la marche du monde sur les ailles de la scissiparité bipolaire ayant vu le triomphe du capitalisme que justifient nos bornes analytiques. Aussi est-il important de voir que le législateur camerounais est capable d'apporter un écho responsif dynamique à une exigence de renouvellement même si elle n'est pas d'initiative volontariste.

C'est une réaction probablement sous la coupole des facteurs exogènes certes, mais qui démontre aussi que la résistance de l'État n'est pas à la hauteur de sa puissance hyper-dominatrice incapable de tout mouvement de remise en cause pour s'améliorer. Cette flexibilité normative devrait permettre aux acteurs infraétatiques nationaux au Cameroun de croire en leur capacité pas de « *nuisance* » comme le professe Ignacio Ramonet[144], mais de « *négociation* » avec l'ancien détenteur exclusif de la puissance normative sportive nationale.

Essayons à présent de ressortir un tableau d'éléments de langage des textes normatifs du Cameroun qui démontrera le passage téléologique d'une situation psychologique d'ordonnateur exclusif à une reconnaissance de la dimension plurielle des acteurs par la puissance normative étatique d'antan. Les éléments de

[144] I. Ramonet, *Géopolitique du chaos*, op. cit., p. 48.

langage comme le reconnaît Urbain Amoa[145] permettent de décrypter le message subliminal exprimé par les mots. La puissance de la parole est affirmée par les spécialistes du langage[146], mais aussi des écrits[147]. Le langage écrit ou parlé est tellement important qu'il faut en maîtriser les éléments pour faire la communication selon Patrick Champagne[148], ou alors des opinions pour Keith Michael Baker[149]. C'est un élément important de collaboration entre l'État et la société civile dans l'espace public comme l'a démontré Jürgen Habermas[150].

Ces constats seront effectués en prenant en compte les deux dernières productions législatives sur le sport au Cameroun, qui de notre point de vue magnifient l'esprit du service public normatif du sport de 1960 à 1990 et l'esprit du partenariat dans la production normative sur le sport au Cameroun de 1990 à 2012. Le tableau suivant illustre bien cette situation, reconnaissant la mutation dans la philosophique du droit de l'exécutif normatif sportif au Cameroun.

---

[145] U.Amoa, *Poétique de la poésie des tambours*, Paris, L'Harmattan, 2002, 349p.

[146] S. Camara, *Gens de la parole. Essai sur la condition et le rôle des griots dans la société malinké,* Paris, Mouton, 1975.

[147] R. Chaudenson, *Éducation et langues. Français, créoles, langues africaines*, L'Harmattan, Paris, 2006.

[148] P. Champagne, *Faire l'opinion–le nouveau jeu politique*, Les Éditions de Minuit, Paris, 1990, 312p.

[149] K. M. Baker, *Au tribunal de l'opinion*, Payot, Paris, 1993, 321p.

[150] J. Habermas, *L'espace public*, Payot, Paris, 1993, 324p.

Tableau 3 : La mutation des éléments de langages de la *lex sportiva* étatique au Cameroun

Matières	Charte abrogée des APS de 1996 (esprit 1960-1990)	Loi n°2011/018 du 15 juillet 2011 (esprit de 1990-2018)
Les acteurs cités	L'État	*Comité national olympique et Sportif du Cameroun, le Comité national paralympique camerounais, les fédérations sportives nationales, ainsi que toute personne physique ou morale de droit public ou privé*
Définition des programmes d'enseignement de l'EPS	*L'État est responsable de l'enseignement de l'éducation physique et sportive*	*Après les concertations nécessaires, le ministre en charge des sports définit les programmes d'enseignement de l'éducation physique et sportive »*
Les actions de l'État	responsable, garantit, concourt.	Détermine, s'assure, est en relation, se concerte

Promotion des APS	*L'État concourt à la promotion des activités physiques et sportives ainsi que du sport de haut niveau, en liaison avec les collectivités locales, les personnes morales de droit public ou de droit privé, les fédérations ou associations sportives et les institutions à caractère social et/ou éducatif*	*L'État et les collectivités territoriales décentralisées, en relation avec le Comité national Olympique et sportif du Cameroun, le Comité national paralympique camerounais, les fédérations sportives nationales, ainsi que toute personne physique ou morale de droit public ou privé, assurent la promotion et le développement du sport et de l'éducation physique*

Source : l'auteur

Le service public normatif du sport issu de la période post-indépendance jusqu'en 1990 avait une visibilité opératoire quand on examine le langage de la Charte des APS abrogée de 1996 incarnant cette philosophie. En effet, l'État était le seul acteur, « *responsable* » et « *garantissant* » le service public du sport.

Les autres acteurs étaient des agents de « *liaison* », c'est-à-dire des personnes morales ou des institutions qu'on peut associer pour effectuer des tâches périphériques. Si le législateur n'a pas pris les précautions de l'usage d'un *wording ad hoc,* nous ne pensons pas que c'est une méprise ; car le *telos* dudit législateur était de faire prendre conscience à travers la matrice législative qu'ils sont des acteurs de seconde zone ou en retrait de l'activité sportive nationale à tous les niveaux (gestion, production normative, financière, etc.).

La donne change avec l'esprit de la démocratie sportive imbibée par la conjoncture internationale. Avec la loi de 2011 puis celle de 2018, l'État « *est en relation* », « *se concerte* » ou encore « *s'assure* en liaison », ce qui démontre une différence de degré dans l'échelle de compétence ; confessant ainsi l'usage volontariste d'un *wording* particulièrement hiérarchique avant. Ce n'était donc pas un besoin cosmétique langagier d'avoir utilisé les termes contenus dans la Charte de 1996. Parce que les lois de 2011 et de 2018 utilisent les termes qui induisent une rupture épistémologique au niveau de la philosophie juridique en ce qui concerne l'attention et la prise en compte portées aux différents acteurs de la gestion du sport. Si la loi de 2011 voulait « *instaurer la confiance et une entente mutuelle entre les acteurs du mouvement sportif national dans le respect de leurs droits légitimes »,* celle de 2018 cherche en plus de cela à *« promouvoir la coordination des interventions des acteurs du mouvement sportif national dans le respect de leurs droits et devoirs »*. Alors, il y a la reconnaissance des « acteurs », différents membres de cette communauté sportive nationale qui concourent par leurs actions désormais reconnues à la gestion de l'activité sportive et partant du service public du sport.

Maintenant comme le signale Jean François Médard[151] est ce que les acteurs ainsi reconnus peuvent se libérer de ce que Jean-Marc Ela appelle « *la mentalité de l'État omnipotent et omniprésent même négativement* » ? En d'autres termes, est-ce que cette légitimation par une consécration législative a une portée opératoire pour les actions de ces acteurs ou alors est-ce que l'État n'a fait que reconnaître de manière nominale des acteurs avec

[151] J.-F. Médard, « L'État au Cameroun de Jean François Bayart », Revue française de science politique, Volume 29, Numéro 6, 1979, pp. 1108-1111.

lesquels il va établir des relations différentes sur le plan opérationnel. En effet, ces deux auteurs à la suite de bien d'autres encore[152] insistent sur la crispation ou la crainte révérencielle et surtout référentielle qu'inspire le traitement de l'État comme un partenaire par les anciens « *sujets* » de son activité hiérarchique d'antan. Jean Marc Ela assimile cela à l'identification de l'État à la force coloniale doublée d'une conception *sui generis* de l'institution du « chef », ce que Jean-François Bayart avait quant à lui appelé le « *haut* ». En la matière, les travaux récents de Bertrand Salifou[153] démontrent à suffisance la corrélation indéniable entre la conception ontologique du pouvoir « *occulte* » de la chefferie et surtout la force opératoire de sa transposition vers la figure de l'État.

Ce rapport séculier entre le citoyen camerounais identifiant les autorités de l'État à la figure traditionnelle, s'il permet de comprendre l'attitude de réserve des populations vis-à-vis de la défiance aux institutions, n'explique pas qu'entre les institutions un dialogue partenarial structuré n'existe pas en lieu et place d'une relation directive. En effet, les acteurs du sport au niveau national peuvent-ils traiter l'État comme un partenaire de manière naturelle ? Il faudrait alors prendre en considération que les membres ou hommes, constituant cet ordre associatif sportif national comme nous l'avons démontré, se recrutent dans diverses administrations étatiques. Aussi, charrient-ils les conceptions

---

[152] J.-M. Bipoum-Woum, « Recherches sur les aspects actuels de la réception du droit administratif dans les États d'Afrique noire d'expression française : Le cas du Cameroun », *RJPIC*, n°3, juillet - septembre, pp. 359-381, 1972.

[153] B. Salifou, *Les chefs traditionnels et leur participation au pouvoir politique en Afrique : le cas du Burkina Faso et du Niger*, Thèse de Doctorat en Science politique, Université de Reims Champagne-Ardenne, année académique 2006/2007, 350p.

traditionalistes de l'État dans la nouvelle organisation ou administration sportive où ils sont membres. Ces hauts fonctionnaires de l'État ne cessent pas mécaniquement de servir l'État, ils perpétuent le culte de l'État décisionnaire en dernier ressort dans les organisations sportives nationales qu'ils managent.

C'est pourquoi il apparait intéressant à ce niveau de militer pour que le personnel associatif sportif national soit issu de la chaîne des bénévoles, anciens sportifs ou alors personnalités de la société civile n'ayant pas eu d'attache avec les rouages de l'État. Cela afin d'assurer un minimum d'inféodation de l'administration sportive à l'État au Cameroun d'une part, et d'éviter que les logiques souterraines de l'État ne pénètrent profondément l'âme des valeurs que défend la communauté sportive autant nationale qu'internationale[154]. Cela n'exclut pas aussi de constater que la loi de 2011 et ensuite celle de 2018 reconnaissent *« dans le respect de leurs droits légitimes »*[155] les acteurs du sport national. Ils ont des droits légitimes que le législateur sportif étatique reconnaît, cela est une grande avancée parce qu'il faut effectivement assurer une certaine coordination juridique entre les règles octroyant les divers droits entre les acteurs. Cette reconnaissance des droits devrait aussi entrainer de la part de l'État corrélativement le respect des droits ainsi proclamés, afin que la consécration législative ne soit pas cosmétique. Il faut donc à la suite de cette consécration législative apercevoir de manière évanescente la prise en compte de la capacité de *jus facere* du monde associatif

[154] *R. K. Ngo Goueth, La construction d'une communauté sportive dans les relations internationales : sens, puissances, et interdépendances*, op. cit., p. 28.
[155] Article 1 de la Loi n°2018/014 du 11 juillet 2018 portant organisation et promotion des activités physiques et sportives au Cameroun

national en matière de sport, ce qui n'enlève pas l'exercice de cette faculté à l'État, mais induit une mutualisation des prérogatives.

Les acteurs de la communauté sportive nationale au Cameroun, du fait de la prégnance étatique sur la production normative en matière sportive doublée des liens séculiers traditionnels, n'ont pas été associés à cette activité. Cela essentiellement, parce que l'État ne reconnaissait pas, mieux ne prenait pas en compte la capacité de création du droit des acteurs sportifs nationaux. Car pour l'État camerounais, ces derniers étaient des relais chargés de l'application des normes issues des organes sportifs internationaux. Le cheminement philosophique pour l'État du Cameroun de cette posture figée à la posture actuelle ne s'est pas fait sans difficulté, nous venons d'en avoir un aperçu.

II.2. L'impact de la démocratie sportive sur le recours à aux règles juridiques sportives de l'État

Le Cameroun n'a pas rapidement reconnu la capacité de création du droit des organismes sportifs autant internationaux que nationaux en matière de sport. Les éléments de langage des nouvelles dispositions de cette *lex sportiva* étatique au Cameroun nous ont révélé que cette reconnaissance se fait jour. En sus, non seulement la capacité de participer à la création du droit a été reconnue aux acteurs sportifs, mais aussi la latitude d'en créer *propriam mutu* qui n'est pas encore éprouvée pour les raisons socio-anthropologiques.

Nous avons vu se développer depuis le début des années 1990 un retrait ou une absence de réaction de l'État face au déferlement du pouvoir normatif des organes sportifs internationaux rétroagissant sur les organes nationaux. En ce qui concerne l'absence de réaction des États, Michel

Hourcade constate que « *le Comité international olympique, que l'on compare souvent à l'Organisation des Nations Unies (mais plus étendu, plus riche, plus puissant), bénéficie d'une légitimité qui fait la synthèse entre le politique et le religieux. Ses symboles sont mondialement connus (...) Son président a rang de quasi-chef d'État. Il désigne souverainement la ville qui abritera les jeux, après que l'État qui soutient cette candidature aura multiplié les signes d'allégeances* »[156]. Les États s'abstiennent en général d'avoir les avis sur la *lex sportiva* d'une institution comme la FIFA, car l'absence d'un pays à une phase finale de coupe du monde est dans la psychologie générale considérée comme une faiblesse, une incapacité du pays, même quand il est membre du G20[157].

L'association nationale est la principale bénéficiaire de ce rapport de force normatif quasi linéaire entre les deux institutions. Comme le constate Franck Latty « *la primauté de la 'lex olympica' s'est affirmée sur les Fédérations Internationales, le Tribunal arbitral du Sport* »[158] et nous ajouterons que par un effet domino les associations nationales sont le relais de cet écho responsif de la capacité de production du droit par l'ordre sportif international auprès des États ou ces dernières jouent le rôle de représentants nationaux des structures sportives internationales à caractère pluridisciplinaire ou monodisciplinaire.

---

[156] M. Hourcade, « Le sport et l'État de droit : Approche sociologique », *Droit et Société*, n°32, pp. 141-155.

[157] Le Groupe des 20 (ou G20) est un forum économique qui a été créé en 1999, après la succession de crises financières dans les années 1990. Il vise à favoriser la concertation internationale, en intégrant le principe d'un dialogue élargi tenant compte du poids économique croissant pris par un certain nombre de pays. Le G20 représente les deux tiers du commerce et de la population mondiale et plus de 90 % du produit mondial brut (somme des PIB de tous les pays du monde).

[158] F. Latty, *La lex sportiva – Recherche sur le droit transnational*, op. cit., p. 219.

À côté de la reconnaissance de l'État camerounais, au niveau continental, l'Union africaine met en œuvre la Conférence des ministres chargés des Sports de l'Union africaine[159] ayant pour but essentiel l'harmonisation de la gestion du sport. Ces pays se sont aussi dotés d'un Code éthique du mouvement sportif africain à Johannesburg le 9 septembre 1999 afin de garantir l'assainissement de la gestion du sport dans cette région[160]. Même si l'on va plus tard interroger la pertinence de la portée opératoire du dispositif africain en matière de sport, constatons pour l'instant la reconnaissance du pouvoir normatif de ces structures.

La reconnaissance de la capacité de création du droit des acteurs nationaux du sport en dehors de l'État est certes affirmée, mais que font les acteurs associatifs nationaux de cette reconnaissance ? C'est la question de fond à ce niveau. On a l'impression que la croyance à cette reconnaissance est synonyme du débat sur la croyance à l'universalité des droits de l'homme. Y a-t-il une conception de la reconnaissance à deux vitesses comme en matière de droits de l'homme[161] ; parce que tout le monde

---

[159] La première Session de la Conférence des ministres chargés des Sports de l'Union africaine a eu lieu du 4-8 juin 2007 à Addis-Abeba (Éthiopie), la deuxième session s'est tenue à Accra (Ghana) du 10 - 14 octobre 2008 ; et la troisième session a eu lieu du 12-16 octobre 2009 à Abuja (Nigeria).

[160] Le Code Ethique du mouvement sportif africain fait à Johannesburg le 9 septembre 1999, Préambule « *considérant les manquements dans la pratique et la gestion du sport en Afrique et à travers le monde, les membres du mouvement sportif africain prennent l'engagement d'observer et de respecter les termes du présent Code Ethique* ».

[161] R. Lallez, « Interculturalité et État démocratique », *Vers une culture des droits de l'homme*, Genève, Université d'été des droits de l'Homme (UEDH), janvier 2003, pp. 152-181. Lire aussi P. Meyer-Bisch, « Présentation systémique des droits humains», *Vers une*

n'a pas été associé à la conception desdits droits. Celle des garants de l'universel d'une part[162] et celle des spectateurs de l'universel[163] d'autre part, car il faut qu'une partie aide l'autre à faire valoir ses droits. Il faudrait alors minimiser la virtualité que l'on octroie à cette reconnaissance autant qu'au caractère universel des droits de l'homme[164], car l'essentiel de la force opératoire est dans la foi de tous les acteurs dans cette faculté. Le débat sur les droits de l'homme nous permet de dire que les acteurs du sport national au Cameroun ne croient pas vraiment à la force opératoire de cette reconnaissance de la faculté de production normative en matière sportive.

Force est de constater tout de même qu'il y a des esquisses d'appropriation de cette faculté à travers le rôle majeur qu'ont joué les acteurs sportifs nationaux infra-étatique pendant les événements tels que le forum national du football et les états généraux du sport au Cameroun.

Au demeurant, pour contourner la nécessaire interaction normative entre la *lex sportiva* nationale et la *lex sportiva* internationale, l'État oppose des résistances en créant et organisant des dynamiques centripètes à travers l'instrument de la politique juridique sportive de 1960 à nos jours et en maintenant les logiques centrifuges à l'endroit de la *lex sportiva* international s'articulant essentiellement autour des comportements socio-

---

culture des Droits de l'Homme, Genève, Université d'été des Droits de l'homme (UEDH), janvier 2003, pp. 8-48.

[162] J. Hersch, « Le concept des Droits de l'Homme est-il un concept universel ?», *Le droit d'être un homme*, Anthologie mondiale de la liberté, T.C. Lattès-UNESCO, 2e éd, 1984.

[163] R.-J. Dupuy, « Réflexion sur l'universalité des Droits de l'homme », Hector Gros Espiel, *Amicorum liber*, volume 1, Bruylant, Bruxelles, 1997.

[164] J. Mourgeon, *Les droits de l'Homme,* Puf, Paris, 7e ed, n°1728, 1998, p. 37.

anthropologiques de ces acteurs. Ces résistances incohérentes par l'ensemble des acteurs nationaux sous la coupole de l'État ont pour conséquence fondamentale d'interférer dans la qualité de l'interaction normative entre la *lex sportiva* nationale et internationale. Ces résistances juridiques ont une partie visible ou émergée en la politique juridique sportive et une partie invisible ou immergée sur les logiques comportementales des acteurs, qui complique la réception, mais surtout installe l'applicabilité des normes des deux ordres dans une perspective conflictuelle. Ce qui nous amène à postuler pour une interaction entre les normes des deux ordres juridiques au Cameroun eu égard à ces résistances des acteurs à l'expression normale de l'interaction normative. La conséquence en est la quasi-interaction dont les ressorts expressifs doivent être explicités afin de comprendre la réalité juridique de réception et d'applicabilité desdites normes.

Signalons qu'en matière d'organisation des rapports entre les institutions sportives et les États, on a trois typologies d'organisations qui donnent, par voie de conséquence, différents rapports juridiques entre leurs normes.

La première conception (*étatisation)* caractérise les pays où l'État prend en charge toute l'activité physique et sportive[165]. La deuxième conception (*privatisation*) concerne les pays qui encouragent l'initiative privée en confiant la gestion et le développement du sport au mouvement sportif[166]. Enfin, la troisième conception (*tutélaire*)[167] est à mi-chemin entre l'initiative privée et

---

[165] Russie, Chine, Cuba, certaines monarchies, anciens pays de l'Est.
[166] USA, Canada, Royaume-Uni
[167] Pratiquée par la France, pays de l'Europe.

l'étatisation du système sportif[168]. Le choix du système de gestion institutionnelle du sport conditionne les rapports normatifs entre les deux institutions.

Dans la première conception, la *lex sportiva nationale* écarte la *lex sportiva internationale*. Dans la deuxième, l'autonomie absolue de la *lex sportiva* internationale et la saisine de l'État est laissée à la libre discrétion du mouvement sportif, et dans la troisième, il faut assurer un minimum d'équilibre et de cohabitation entre les deux ordres juridiques. Franck Latty constate en analysant le degré d'autonomie de *la lex sportiva internationale* qu'il y a une soumission imparfaite de *la lex sportiva* dans le cadre étatique[169], le Cameroun est le lieu où cette soumission imparfaite est au firmament.

Les effets des résistances que nous avons présentées se ressentent plus sur l'applicabilité et le rôle du juge, aussi c'est en cette procédure et autour de la personne du juge que se joue l'interaction entre les deux ordres juridiques sportifs au Cameroun. Car l'environnement de résistance visible et invisible constaté induit des difficultés dans la mise en œuvre de l'interaction entre les deux ordres l'installant dans ce que nous appelons la *« quasi-interaction »*, c'est-à-dire une interaction normative imparfaite[170].

---

[168] Adoptée par les pays d'Afrique après leurs indépendances, voir P. Bouche et M. Kaach, « Existe-t-il un 'modèle sportif' dans les pays africains francophones ? », STAPS, n°65, 2005, pp. 7-26.

[169] F. Latty, *La lex sportiva – Recherche sur le droit transnational,* op. cit., p. 423

[170] L'inexistence des passerelles en termes de vecteurs de mise en cohérence.

DEUXIÈME PARTIE :

L'APPLICABILITÉ DE LA LÉGISLATION SPORTIVE INTERNATIONALE AU CAMEROUN

Comment réagissent le législateur sportif et le juge camerounais en matière de contentieux « sportif » face aux normes des organisations sportives internationales appelées *lex sportiva* ? Telle est la quête analytique de ce second mouvement analytique, nous restons toujours dans notre analyse behavioriste du comportement du législateur sportif camerounais dans sa confection du droit en première partie et maintenant dans son interaction normative avec les normes sportives venues d'autres ordres sportifs que le sien (communautaire et « internationale »).

En général, après que les plénipotentiaires de l'État ont pris les engagements internationaux, deux systèmes d'intégration des normes dans le système national peuvent être mis en branle selon les typologies d'accords. Les accords soumis à la formalité de ratification ou alors l'accord en forme simplifiée[171] dit « *executive agreement* », forme les deux modalités de l'expression du consentement à être lié par l'État.

C'est dire que la signature ne rend pas effectif l'engagement de l'État, la ratification ou l'approbation selon les cas confirme rétroactivement l'obligation d'être lié. Il ressort de ce qui précède que les problématiques d'applicabilité sont intimement liées aux engagements internationaux des principaux acteurs des relations internationales que sont les États dans la problématique de l'intégration des normes venues de l'extérieur dans le corpus interne.

---

[171] G.A. Daboule, les Accords non soumis à ratification dans l'ordre juridique camerounais, Mémoire de Master II en relations internationales, option Diplomatie, IRIC, Université de Yaoundé II, 2011, 110p.

Seulement dans tout système juridique ordonné (la précision est importante), la valeur d'une norme juridique est conditionnée par la force de son applicabilité. Mais qu'est-ce que la valeur d'une norme ? La valeur juridique d'une norme est fonction de sa place dans la hiérarchie des normes au sein d'un ordre juridique, de sa capacité à être invoquée et protégée par le juge, nous dit Hans Kelsen[172]. En conceptualisant le normativisme juridique, dont le principe du parallélisme des formes est l'incarnation, le juriste et théoricien du droit, Hans Kelsen consacre la conformité des règles à l'ordre juridique comme principe fondamental présidant à la constitution de tout système juridique[173].

Soulignons que l'ordre sportif étatique, en vertu de son assise territoriale a comme sujets ou justiciables les sportifs, les clubs, et les associations sportives nationales auxquelles il donne la possibilité d'exister, n'a pas de problèmes d'applicabilité. L'exercice de l'activité sportive, la procédure de création d'un club dépendent des modalités de la législation nationale avec les différentes formes de regroupement sportif au Cameroun dont les conditions de création sont définies par une loi sportive étatique[174]. Les associations nationales reçoivent l'agrément[175] dont les conditions et la procédure sont

---

[172] H. Kelsen, *Théorie pure du droit*, traduit par Charles Eisenmann. Lire aussi C.-M. Herrera, La *philosophie du droit de Hans Kelsen : Une introduction*, Presses universitaires de Laval, Laval, 2004.
[173] C.-M. Herrera, La *théorie juridique et politique chez Hans Kelsen,* Kime, Paris, 1997.
[174] La loi n° 2011/018 du 15 juillet 2011 au Cameroun, Article 30 alinéa 2 *« Pour la gestion de ses activités, le club sportif professionnel peut prendre l'une des formes suivantes : -Société d'Économie Mixte (SEM) -Société à Responsabilité Limitée (SARL)- Société Anonyme (SA) »*.
[175] F. Alaphilippe et J.-P. Karaquillo (Sous la Dir), *Dictionnaire juridique du Sport*, op. cit., p. 28 : *« L'agrément constitue un acte*

fixées en général dans beaucoup de pays par les normes sportives nationales[176]. Le constat à ce niveau est que les acteurs intéressant l'ordre sportif étatique sont les mêmes qui focalisent l'intérêt de l'ordre sportif international. Cet ordre sportif étatique faisant partie de l'ordre national classique de l'État est en relation avec d'autres ordres comme l'ordre communautaire et international, et de ce fait même, fait passer sa *lex sportiva nationale* dans ledit ordre « classique » en ce qui concerne l'applicabilité.

Nous pensons aussi qu'« *il y en aurait à peine moins, et en plus, d'incohérence, à considérer, après avoir relevé à l'analyse de ses mécanismes l'identité – l'identité juridique – de l'ordre sportif à ne lui accorder une valeur en tant que telle qu'à la condition d'avoir été reconnu, ou plutôt absorbé, par l'ordre juridique étatique. Refuser d'accueillir l'existence d'un ordre juridique sportif autonome éviterait à l'évidence de s'interroger sur la combinaison ou la conciliation éventuelle entre ce dernier et l'ordre juridique étatique. Entièrement intégré au système étatique, l'ordre sportif ne poserait plus, alors, un problème de coexistence avec l'ordre juridique étatique* »[177].

Il faut préciser qu'il est important à ce niveau de savoir si l'applicabilité ne concerne que la *lex sportiva internationale*, car elle est issue d'un système extérieur, l'important étant de savoir comment se déroule cette applicabilité concrètement. Il n'est pas question de développer des théories sur l'applicabilité, il faut qu'on

---

administratif individuel par lequel une autorité administrative (souvent un ministre) accorde, en contrepartie de certaines conditions contrôles, une distinction à une personne physique ou morale».

[176] Arrêté N°018 A/MINSEP/SG/CJ du 24 octobre 2006 fixant les conditions et les modalités d'octroi et de retrait des agréments aux associations sportives et d'éducation physique.

[177] J.-P. Karaquillo, *Le droit du sport*, op. cit., p. 57.

interroge l'existant. Les mécanismes qui ont cours sur le terrain actuellement. Il est donc question de voir si l'applicabilité de la *lex sportiva internationale* obéit aux logiques *« d'ordres »* des normes internationales classiques.

L'applicabilité induit de s'attarder sur l'introduction et la réception de *la lex sportiva* internationale (I), car ce n'est pas un ordre sécrété par l'État, c'est un ordre externe ; et le pouvoir d'interprétation du juge (II) entre les deux ordres dans leurs interactions est capital.

CHAPITRER I :

L'INTRODUCTION ET LA RÉCEPTION DE LA *LEX SPORTIVA* INTERNATIONALE AU CAMEROUN

Il est nécessaire de dire avant toute analyse que l'usage des notions « *d'introduction* » et « *réception* » ne s'inscrit pas dans le cadre d'une explication juridique exclusive ; car si ces deux notions renvoient techniquement pour les juristes à une problématique d'intégration de la norme internationale, il n'est pas question d'insinuer que la *lex sportiva* internationale est une norme du droit international classique susceptible « *d'introduction* » et de « *réception* ». Cette précision est importante, car parler « *d'introduction* » et de « *réception* » sans prendre la précaution de donner le contenu de ces notions en droit induit *ipso facto* qu'on soit en présence des normes de ce que Hugo de Groot dit Grotius a appelé le *« jus gentium»* ou droit des gens. Bien plus, *la lex sportiva* internationale n'intervient pas devant le législateur parce que c'est du droit spontané ou autosuffisant. L'action du législateur n'est pas requise à ce niveau parce qu'en matière de droit spontané ce n'est pas un engagement international de l'État, mais souvent d'une instance reconnue par ce dernier ou alors ayant reçu une délégation de compétence de celui-ci.

Dans notre étude, le renvoi à ces termes reviendra à savoir comment le juge national devant lequel s'effectue le conflit de lois va choisir la règle de conflit. Plus précisément encore, comment le juge camerounais va-t-il contrôler la réception et l'adaptation nationale de cette *lex sportiva* internationale ? Va-t-il l'utiliser ou la recevoir ou alors va-t-il combiner les deux ordres, en d'autres termes l'introduire ? Cela est important à souligner, car il faut savoir comment répond la *lex sportiva* internationale aux deux techniques juridiques d'entrée d'une norme externe à un système juridique dans l'arsenal juridique de celui-ci. La réponse semblerait évidente si l'on parvient à un *modus vivendi* autour du fait qu'on ne peut qualifier et même classer *la lex sportiva internationale* sous la coupole des normes internationales au sens classique.

Il reste tout de même que celle-ci, de par son contenu[178], les autorités de création[179], sa cohérence interne rigoureuse[180], n'est assurément pas du droit interne ou national. Ces règles sont qualifiées de « *droit spontané* »[181] pour Jean-Pierre Karaquillo et François Alaphilippe, de droit « *supra national* » pour Luc Silance, de droit « *transnational*» pour Franck Latty[182] ou le timbre onomastique de *« droit anational »* cher à l'École de

---

178 R. C. R. Siekmann, « What is sports law ? A reassessment of content and terminology », R.C.R. Siekmann et Janwillem Soek (sous la Dir), *Lex sportiva : What is sports law ?,* T.M.C. asser Press, 2012, pp. 359-404.

179 L. Casini, « The making of Lex sportive by the court of Arbitration for sport», R.C.R.Siekmann et Janwillem Soek (sous la Dir), *Lex sportiva : What is sports law?,* T.M.C. asser Press, 2012, pp 149-172.

180 F. Latty, *La lex sportiva – Recherche sur le droit transnational,* op. cit., p. 521 : *« La lex sportiva risquait de perdre sa cohérence, à plus forte raison dès lors que la multiplicité des liens de rattachement du litige (nationalité de l'athlète, siège de la fédération, lieu du déroulement de la compétition, lieu d'application de la sanction, etc.) est susceptible d'entrainer l'intervention concurrente des juges relevant d'autant d'ordre juridique étatique ».*

181 J-P .Karaquillo et F. Alaphilippe, *L'activité sportive dans les balances de la justice*, tome I, op. cit., p. 34.

182 F. Latty, « Transnational sports law », R.C.R. Siekmann et Janwillem Soek (sous la Dir), *Lex sportiva : What is sports law ?,* T.M.C. asser Press, 2012, pp. 273-286.

Dijon, défenseur acharné de la *lex marcatoria* sous la plume de Filali Osman[183] peuvent être envisagé.

Il faut souligner que ce n'est pas un droit d'émanation étatique, ce qui signifie en substance qu'il vient de « l'extérieur » des différents systèmes juridiques nationaux, d'où l'importance de savoir comment l'État organise leur accueil au niveau « interne ».

Dans la plaine paradigmatique des sciences juridiques, recourir au concept « *d'introduction* » et de « *réception* » professe qu'on est en présence du droit dit « *international* ». C'est-à-dire en se référant à la suite des auteurs[184] à l'article 38 du Statut de la Cour Internationale de Justice (CIJ), l'ensemble contenant les *Traités*, la *Coutume*, les *Actes unilatéraux des organisations internationales*, les *Principes généraux de droit*, la *Doctrine*, la *jurisprudence* et l'*équité* ; qu'il faudrait introduire et réceptionner au niveau *« national »*. Mais il faut le dire d'entrée de jeu, le rattachement de la *lex sportiva* à l'une de ces catégories de normes constituant le droit international est complexe et entraine plutôt à confesser avec Franck Latty qu'il existe un degré d'autonomie de *la lex sportiva* dans le cadre international[185].

En clair, c'est dire que dans les normes internationales, la *lex sportiva* fait partie d'une catégorie « *sui generis* » difficile à classifier dans une typologie internationale précise de manière parfaite. C'est donc la référence aux techniques ou mécanismes d'introduction et de réception de *la lex sportiva internationale* à laquelle nous faisons référence pour savoir comment se pratiquent ces deux

---

[183] F. Osman, *Les principes généraux de la lex mercatoria*, op. cit., p. 166.
[184] D. Ruzie, *Droit international public*, op. cit., p. 15.
[185] F. Latty, *La lex sportiva – Recherche sur le droit transnational,* op. cit., pp. 619-697.

moments pour ladite norme. La pertinence du débat entre monisme et dualisme[186] n'a pas de portée opératoire ici, car la *lex sportiva internationale* en général a vocation à s'appliquer dans un cadre privé de l'État et non à l'État. C'est pourquoi il est alors important de voir comment les structures de l'État font usage des différents mécanismes permettant de reconnaître et de prendre en compte ces règles.

Analysons les modalités de l'introduction (I) et les problèmes posés par l'invocabilité entre les deux ordres (II) au Cameroun. Soulignons que les deux notions ne s'excluent pas, c'est pour des raisons de formalisme que nous les séparons.

I. Les modalités d'introduction et la réception de la *lex sportiva* internationale au Cameroun

Les notions d'introduction et de réception ne s'excluent pas, c'est le *continuum* d'un mouvement juridique identique de l'État, en rapport à la prise en compte dans son ordre national d'un système ou d'une norme externe. En d'autres termes, si la réception obéit à une logique technique, l'introduction, quant à elle, renvoie à l'ensemble des mécanismes ou possibilités autant philosophiques qu'opératoires, à la disposition de la puissance publique, pour permettre que les normes soient mises en ordre au niveau interne. Ce mécanisme englobe alors pour l'État les modalités d'introduction (A) et de réception (B) de la lex sportiva au Cameroun.

---

[186] H. Kelsen, *Théorie générale du Droit et de l'État*, traduction de B. Laroche et de V. Faure, Bruylant-LGDJ, Bruxelles-Paris, 1997, 518 p.

I.1. Les modalités d'introduction de la *lex sportiva* internationale au Cameroun

L'introduction est l'ensemble des possibilités reconnues à l'État pour utiliser divers « moyens » afin de faire entrer dans son droit positif un engagement international, car en général le droit international est spécifique et ne peut prendre en compte les spécificités organisationnelles de tous les pays parties aux engagements internationaux. En matière d'engagements internationaux, levons maintenant une équivoque avant de continuer. S'il s'agit des normes de la *lex sportiva internationale*, l'État n'y est pas engagé de manière directe ; par conséquent, n'a pas des obligations envers l'ensemble constitutif de cet ordre normatif, d'avec lequel il doit assurer un certain contact à travers l'association sportive nationale ayant reçu une délégation de compétence.

La situation est alors très différente lorsqu'il s'agit des accords internationaux portant sur le sport, conclus sous l'égide de l'UNESCO comme la Convention internationale contre le dopage dans le sport[187] et bien d'autres encore[188]. Dans ce cas, ces derniers doivent entrer dans l'ordonnancement juridique étatique par la technique de l'introduction dans le droit positif. Puisque dans ces cas précis, ce sont des engagements internationaux classiques pris par l'État de manière multilatérale ou bilatérale, induisant les techniques et règles d'introduction dans le droit national afin de mettre en œuvre les obligations contractées.

---

[187] Voir extrait en Annexes.

[188] Charte internationale de l'Éducation physique et du Sport de 1978.

Au niveau de l'introduction, partageons avec Claudia Scotti-Lam[189] deux variables, l'obligation d'introduire et la liberté de choix des moyens pour introduire. En ce qui concerne l'obligation d'introduire, elle essaye d'influencer « l'exécution » des traités qui ne sont pas « *self executive* »[190]. Parce que la liberté est laissée à l'État d'exécuter ses engagements, en organisant la mise en œuvre interne et internationale sur la base de la coopération internationale et les mécanismes de contrôle[191]. Il faut souligner que cette obligation d'introduire ne concerne que les engagements d'une certaine catégorie[192]. Aussi l'État a la liberté du choix des moyens pour introduire. À ce niveau, on constate de plus en plus sur le plan international une tentative d'encadrement de cette liberté du choix des moyens d'introduction au-delà des modalités dualiste ou moniste. L'introduction consacre alors l'État dans la plénitude de sa volonté de faire et de ne pas faire sur le plan des « engagements » juridiques internationaux, c'est-à-dire que l'État est dans une posture lui permettant de penser qu'il peut ou non introduire une règle ou un système dans son droit national où il a le monopole de *jus facere*.

L'introduction est un mécanisme qui reconnaît à l'État la latitude d'utiliser tous les moyens pouvant permettre que les engagements internationaux soient pris, reconnaissant ainsi que dans cette matière nous sommes

---

189 C. Scotti-Lam, *L'applicabilité des traités internationaux relatifs aux droits de l'homme en droit interne*, Bruylant, Bruxelles, 2004, pp. 35-111.

190 A. D. Olinga, « Considérations sur les traités dans l'ordre juridique camerounais ».

191 M.-C. Smouts, « La coopération internationale : De la coexistence à la gouvernance mondiale », in M.-C. Smouts (sous la Dir), *Les nouvelles relations internationales. Pratiques et théories*, FNSP, Paris, 1998, pp. 135-149.

192 Droits de l'homme, pénal et aussi environnemental.

dans la *« plaine relationnelle de souveraineté interétatique »*[193]. Aussi, cette latitude laissée à l'État d'introduire les engagements externes est un des piliers du désordre normatif, créant la juxtaposition des situations singulières et réticulaires complexes au niveau international en matière d'engagements internationaux pris par les États. Quand on y ajoute les normes des communautés particulières ou alors des normes des foyers comme la société civile internationale prolifique en matière d'environnement[194], la fameuse construction juridique privée du contrat international de vente ayant fait éclore la *lex mercatoria,* à laquelle on peut adjoindre la construction en cours de la *lex sportiva* internationale ; cela nous installe davantage dans le désordre normatif.

Mais aussi ambigu que cela puisse paraître, introduire c'est aussi chercher à solutionner le désordre normatif. Ce mouvement d'ordre sera assuré en « *quittant ainsi définitivement la plaine interétatique du droit relationnel, on entrerait dans des structures verticales, assumant la subordination des États à des organisations convergent elles-mêmes vers un pouvoir de sommet.* »[195].

Peut-on légitimement entrevoir ou avancer une « *structure verticale (...) assurant la subordination des États* » dans des domaines (commerce, sport) où l'État n'est pas partie directe au formatage des règles ? On est ici dans l'exception de la reconnaissance de la souveraineté

---

[193] R.-J. Dupuy, *Le Droit international,* op. cit., p. 74.

[194] J. J. Andela, *La protection de l'environnement dans le cadre du pipeline Tchad-Cameroun, Mémoire de DESS en Contentieux international, Université de Yaoundé II*, IRIC, Yaoundé, 2007, 119 p. Lire aussi J. E. Nobola, *La souveraineté à l'épreuve du changement climatique*, Mémoire de Master en Relations internationales option Diplomatie, Université de Yaoundé II, IRIC, Yaoundé, 2011, 134 p.

[195] R.-J. Dupuy, op. cit., p 74.

juridique de l'État[196]. Parce qu'en ces matières, « *l'irréductible État souverain* » peut envisager de reprendre les normes comme dans le cadre du droit international de l'environnement qui sont certes d'origine privée[197], mais qu'il a entériné autour d'une organisation (ONU).

Ce mouvement de convergence n'est pas perceptible au niveau des normes sportives internationales, car l'État ne les entérine pas, elles s'imposent à toute association nationale désireuse d'en être membre. Parce qu'il n'en est pas membre ou qu'il ne l'a pas entériné même si elles viennent du privé comme les normes environnementales, l'État ne peut donc être dans une posture de réception desdites normes sportives. Cela n'empêche pas maintenant l'existence de celles-ci et leur pénétration dans l'ordre étatique et la nécessité de ce dernier de les prendre en compte, de lui faire une place et enfin d'organiser la coexistence pacifique avec ce dernier afin de trouver un certain ordre à défaut de hiérarchie qui se confrontera forcément à l'autonomie de *la lex sportiva*. Franck Latty le démontre à suffisance en confessant au sujet de ladite autonomie qu'« *il n'en demeure pas moins que le constat de l'existence d'un droit qui transperce avec tant d'efficacité les souverainetés étatiques devrait susciter contrariété en son for* »[198].

En fait, la posture de l'État vis-à-vis de la *lex sportiva internationale* n'est pas celle de l'introduction, car nous l'avons signalé *supra* ce n'est pas un engagement

---

[196] B. Badie, « De la souveraineté à la capacité de l'État », in M.-C. Smouts (sous la Dir), *Les nouvelles relations internationales. Pratiques et théories*, FNSP, Paris, 1998, pp. 37-53.

[197] A. D. Olinga, « Considérations sur les traités dans l'ordre juridique camerounais ».

[198] F. Latty, *La lex sportiva – Recherche sur le droit transnational*, op. cit., p. 769.

international que prend l'État de manière directe, c'est un engagement international par ricochet de l'association nationale sportive ayant reçu une délégation de compétence. Il ne revient donc pas à l'État comme dans le cas du droit international classique d'introduire cette *lex sportiva internationale* dans son droit sportif national, en ce qui concerne les règles des organismes sportifs internationaux au sens pur.

Mais il ne faut pas aussi être atteint de cécité, car ces normes ne sont pas en vigueur à l'extérieur de l'État, que non, elles sont dans l'État et il faut que ce dernier organise la cohabitation de celles-ci avec celles qu'il prend en matière de sport ; d'où l'intérêt de savoir comment ces normes sportives internationales appelées *lex sportiva* internationale sont « introduites » dans le carcan juridique sportif national.

Si la faculté d'introduction de la *lex sportiva internationale* de l'État du Cameroun est indirecte, les problèmes pratiques posés par la réception sont d'un autre ordre.

I.2. La réception de la *lex sportiva* internationale au Cameroun

La réception est le pouvoir reconnu à l'État d'adapter son droit positif pour permettre la mise en œuvre d'un engagement international. En général, le droit international est spécialisé et ne peut prendre en compte les spécificités des structures juridiques nationales des parties contractantes aux engagements internationaux. Il s'agit de prendre les mesures structurelles de toutes natures *(politiques, administratives, sociologiques, ou juridiques)* permettant la « *mise en œuvre* » pratique des engagements internationaux. Ce sont les fameuses mesures d'adaptation en vue de l'incorporation liées aux règles venant d'un système juridique différent. Ces mesures d'adaptation entrainent des effets et doivent pouvoir être contrôlées par le juge, unique instance de contrôle face à la réception d'un droit spontané.

Dans la lexicologie juridique, l'usage du mot *réception* renvoie à l'ensemble des moyens mis à la disposition de l'État pour la manifestation extérieure effective d'acceptation du système ou des règles de droit auxquelles il a souscrit, afin de permettre leurs entrées dans la forêt de l'ordre juridique national ou interne. C'est donc une introduction du droit étranger[199] dans le droit national se concrétisant par une superposition des normes. Il y a deux typologies de réception : de *systèmes de droit* et *des règles de droit*. En ce qui concerne la première, l'illustration concerne les systèmes juridiques africains, la *réception des systèmes de droit (c'est encore la réception du système juridique du vainqueur)* des pays colonisateurs par les colonies.

Le Cameroun est un territoire qui a été partagé entre Britanniques et Français après la défaite allemande de 1918. L'ordonnancement juridique du Cameroun est un espace ayant réceptionné le système juridique de la puissance tutélaire. L'autre exemple est la réception du droit communautaire[200] par les droits nationaux, dans ce cas, la réception s'effectue sous deux conditions au moins ; la primauté et l'effet direct. En ce qui concerne la réception des règles de droit, il s'agit essentiellement d'intégrer des normes, des règles, des notions, des théories, des thèses, et des *doctrines* dans le droit interne.

---

[199] R.A. Macdonald, « Critical Legal Pluralism as a Construction of Normativity and the Emergence of Law», op. cit., p. 20.

[200] A.D. Olinga, « Considérations sur les traités dans l'ordre juridique camerounais ».

Il faut le souligner avec force que de manière synoptique, la réception juridique utilise un canal triphasé pour s'exprimer afin de pénétrer la forêt du droit interne de l'État. C'est d'abord la voie « royale » *législative* (ratification et approbation), ensuite le canal *normatif*, augurant la mise en œuvre par l'État d'une norme interne permettant l'application de la norme externe, enfin l'itinéraire *juridictionnelle* quand le juge interne[201] *propriam mutu* constate la nécessité de l'application de la norme externe en tant que telle.

Pour qu'on parle de réception, il faut donc qu'on ait des intercesseurs, c'est la doctrine, les autorités publiques et les juges qui assurent soit le mimétisme ou l'adaptation que l'État récepteur du droit externe attend. Par l'apport encadré (autorités publiques et juges) ou non (doctrine), la réception juridique permet finalement au plan téléologique la réforme du droit interne en intégrant un texte ou un système étranger aux contextes particuliers d'un État. *In fine* sur l'importante variable temporelle de la réception, c'est un phénomène progressif en ce qu'il est configuré par une logique « *étapiste* » dans un cadre évolutif sous l'impulsion des fluctuations ascendantes ou descendantes de la volonté politique de l'État récepteur. La réception répond finalement à une logique de mise en ordre du système juridique face à un autre.

L'applicabilité est donc indirecte, car il y a nécessité d'adopter des mesures d'exécution. La réception de cet ordre de *la lex sportiva internationale* s'articule autour de la reconnaissance par les textes de loi de l'État du Cameroun, c'est-à-dire que la *lex sportiva nationale* introduit et réceptionne *la lex sportiva internationale* en faisant référence à cette dernière dans son contenu. Ainsi au Cameroun on peut lire dans divers textes :

---

[201] J. Carbonnier, *Sociologie juridique*, op. cit., p. 56.

La charte abrogée des APS de 1996 :

> « *Article 17 : (1) Dans chaque discipline du sport civil, une seule fédération est habilitée à organiser, dans le respect des règlements internationaux, les compétitions ou manifestations sportives à l'issue desquelles sont délivrés les titres à l'échelle de toutes les unités administratives et à procéder aux sélections correspondantes.*
>
> *Article 19 : (1) Chaque fédération sportive civile détermine librement ses statuts et règles de fonctionnement, en tenant compte des lois et règlements en vigueur, des règles de l'olympisme ainsi que des règlements des organismes sportifs internationaux auxquelles elle est affiliée en ce qui concerne les normes techniques.*

La loi abrogée de 2011 reconnaissait aussi cette *lex sportiva internationale*, scrutons ses dispositifs saillants ;

> « *Article 36 :-(1) Les fédérations sportives participent à l'exécution d'une mission de service public. À ce titre, elles sont chargées de :*
>
> *(2) Elles veillent à l'application des règles édictées par le Comité national olympique et sportif du Cameroun, le Comité national Paralympique Camerounais et les organismes sportifs internationaux auxquels elles sont affiliées.*
>
> *Article 41:-(1) Dans chaque discipline du sport civil, une seule fédération reçoit délégation de pouvoirs du ministre en charge des sports pour organiser, dans le respect des règlements internationaux, les compétitions ou manifestations sportives à l'issue desquelles sont délivrés les titres....*
>
> *Article 45 : Chaque fédération sportive civile détermine ses statuts et règles de fonctionnement en tenant compte des lois et des règlements en vigueur, des règles de l'olympisme ainsi que des règlements de ses organismes sportifs internationaux auxquels elle est affiliée... ».*

L'article 45 de l'ancienne loi de 2011 était symptomatique de cette dualité dans l'engagement de l'État camerounais vis-à-vis du sport, les fédérations déterminent leurs statuts en tenant compte de leur *lex sportiva internationale*, mais surtout des « *lois et règlements* » en vigueur sur le territoire national. Si beaucoup de fédérations voient dans cette disposition l'expression de leur autonomie, voir quelquefois leur indépendance ; il faut dire que c'est une perception minimale dudit article, car il y a l'obligation de conformité avec la *lex sportiva* internationale qui incombe aux institutions sportives internationales, et l'obligation d'être conforme aux lois et règlements en vigueur avec information du ministre en charge des Sports revenant à l'institution étatique assurant la tutelle.

La loi nouvelle loi de 2018, réaffirme que ladite loi reconnaissait aussi de la *lex sportiva internationale*, en stipulant dans ses différentes dispositions que :

> *« Article 44.- (1) Les fédérations sportives sont régies par les dispositions de la présente loi, leurs statuts et règlements, ainsi que ceux des entités sportives internationales auxquelles elles sont affiliées. Elles peuvent être civiles, militaires, scolaires, universitaires ou concerner le sport pour personnes handicapées.*
>
> *Article 54.- (1) Le Comité national olympique et sportif du Cameroun, ci-après désigné « CNOSC » est une association apolitique et à but non lucratif de type particulier, dotée de la personnalité juridique.*
>
> *(2) Il est régi par la Charte olympique, ses statuts et règlements, en vigueur au Cameroun.*
>
> *Article 97.- (1) Les sentences rendues par la Chambre de conciliation et d'arbitrage du CNOSC, en matière d'arbitrage, ne sont susceptibles de recours que devant le Tribunal arbitral du sport, ci-après désigné « TAS » en Suisse. »*

La loi de 2018 est clairement dans son écriture moins prolixe à consacrer comme celle de 2011 des expressions comme « règlements *des organismes sportifs internationaux* », « *règles de l'olympisme* », en 2018 c'est plutôt, « entités sportives internationales », « charte olympique » ou encore « TAS », comme s'il y a une distance du législateur de 2018 avec le droit international du Sport ou la *lex sportiva* internationale qu'il refuse de consacrer clairement. Y a-t-il eu des effritements entre 2011 et 2018 entre le législateur sportif camerounais et le législateur de *la lex sportiva* internationale ou alors est-ce la preuve d'une certaine prise de distance d'avec cet ordre juridique privé ? Est-ce juste une question de préférence de la lexicologie juridique ? Seul le législateur sportif camerounais à les réponses à ces questionnements, car la loi de 2018 évite de dire explicitement « *les règles des organismes sportifs internationaux* » comme l'avait fait celui de 2011. Celui de 2011 est même allé plus loin, car au-delà de la confirmation par référence législative de *la lex sportiva internationale* comme mode de réception pratiquée, il y avait dans le contenu de ladite loi, l'établissement de véritables relations sportives internationales à travers une coopération internationale basée sur la reconnaissance juridique des organismes sportifs internationaux, telles que le laissent entrevoir la disposition suivante de la loi de 2011 :

> *« Article 54 :-(1) Le ministre en charge des sports, définit, de concert avec le Comité national olympique et sportif du Cameroun, le Comité national Paralympique Camerounais et les fédérations sportives nationales, la stratégie nationale dans le domaine des relations avec les instances sportives internationales ».*

Alors que la loi de 2018 sur cette coopération, réaménage cette coopération, les capacités et les acteurs ainsi qu'il suit dans l'article 90 :

> *« Le ministre chargé de sports met en œuvre la politique sportive internationale du Gouvernement, en liaison avec le ministère en charge des relations extérieures, et après consultation du CNOSC, du CNPC et des fédérations sportives civiles nationales».*

Nous passons donc du « *de concert avec* » du législateur de 2011, a « *après consultation* » au législateur de 2018. Inéluctablement, travailler de concert et être un consultant ne met pas dans la même obligation et puissance de proposition. Bien plus, un nouvel acteur, le ministère des Relations extérieures du Cameroun apparait ici, pour encadrer l'échange de soutiens et soutenir les candidatures des camerounais dans les postes des organismes sportifs internationaux à travers une campagne diplomatique soutenue par les missions diplomatiques et poste consulaire. En espérant que le rôle des deux ministères soit bien défini pour une efficacité optimale de ladite consécration législative.

Si les organismes internationaux doivent contrôler la conformité des statuts des fédérations nationales à la *lex sportiva* internationale, c'est le ministère chargé des Sports qui doit contrôler la conformité desdits statuts avec les lois et règlements en vigueur sur le territoire. L'obligation d'information du ministre n'est pas cosmétique, elle a pour but de recevoir lesdits statuts et de vérifier la conformité du contenu au droit national (non pas uniquement aux règles sportives étatiques). Cette disposition augure au ministre chargé des Sports, la faculté de contrôler les statuts d'une fédération sportive et de demander en cas de non-conformité avec les lois et règlements que ceux-ci soient modifiés. C'est un véritable contrôle a posteriori des statuts des fédérations nationales qui est effectué par le ministre, alors qu'on imagine que le contrôle des organismes sportifs internationaux est *a priori*.

À travers l'exégèse de la lex sportiva nationale au Cameroun, l'État reconnaît la *lex sportiva* internationale, mais elle est toujours rattachée aux relais nationaux devant l'appliquer[202]. Le constat est assez clair, la loi ne crée pas un lien juridique direct entre les règles ou les institutions sportives internationales qui ne sont mentionnées que parce qu'elles interagissent avec leurs affiliés locaux. Au-

---

202 Comité national olympique et sportif du Cameroun, le Comité paralympique, les fédérations sportives nationales.

delà de cette réception par référence législative de la *lex sportiva internationale* par *la lex sportiva nationale* au Cameroun, on remarque aussi que le législateur camerounais a une conception particulière du contenu de celle-ci. Le législateur camerounais à notre avis aurait mieux fait d'essayer de donner une conception de la *lex sportiva internationale* originale ou alors simplement rigoureuse en tenant compte de l'évolution actuelle de son contenu. Cette attitude peut faire l'objet de deux appréciations somme toute subjectives, mais d'une part un manque d'intérêt vis-à-vis de cet ordre juridique ou alors d'autre part il n'a pas simplement vu la nécessité de renvoyer précisément à un corps de règles, estimant qu'en donnant des indices il est identifiable.

À notre sens, c'est manquer l'occasion de s'exprimer à travers sa politique législative sur la position de l'État camerounais au sujet des mutations contemporaines du contenu de la notion de *lex sportiva* internationale. Est-ce que le Cameroun apprécie ces avancées ? Ou alors est-il plutôt en accord avec la conception classique de la *lex sportiva internationale* qu'il reprend ? Nous ne le saurons pas dans l'immédiat et cela peut faire l'objet d'une quête analytique explicative.

Cette spécificité de l'introduction et de la réception de la *lex sportiva internationale* par référence dans le contenu des règles sportives étatiques au Cameroun, teintée par la prégnance de la logique de désordre normatif, ne permet pas d'assurer un « rangement » dans l'ordre juridique classique. Si la réception est teintée de cette logique de désordre normatif, l'invocabilité pourra-t-elle échapper à cette trame de fond ?

II. La question de l'invocabilité entre les deux ordres au Cameroun

Les contours (II.1) et la mise en œuvre devant le juge (II.2) de l'invocabilité de la *lex sportiva* au Cameroun constitueront l'écume permettant d'épuiser ladite préoccupation.

II.1. Les contours de l'invocabilité de la *lex sportiva* internationale au Cameroun

Il faudrait signaler au préalable que la problématique de l'invocabilité de la *lex sportiva* étatique ne se pose pas, car l'État en sécrétant ses normes, les font rentrer *ipso facto* dans l'ordonnancement juridique positiviste. C'est donc pour la *lex sportiva internationale* que la question de l'invocabilité se pose, car sa réception est faite par référence au contenu de la *lex sportiva nationale*. Il faut maintenant savoir comment organiser cette étape d'invocabilité. L'invocabilité est la faculté pour un justiciable de requérir devant les institutions et autorités judiciaires l'application d'une norme (ou d'une disposition particulière) juridique quelconque composant l'ordre juridique général[203]. Faisons une précision terminologique sur le contenu de la notion « *d'effet direct* » que nous empruntons au droit communautaire. En effet, la notion d'effet direct est un principe jurisprudentiel qui avait été posé par la CJCE dans l'arrêt Van Gend en Loos du 5 février 1963. L'effet direct est un principe de base du droit communautaire signifiant que les particuliers sont soumis à des obligations posées par le droit communautaire, mais ils ont aussi des droits dont ils peuvent se prévaloir devant les juridictions nationales et communautaires. L'effet direct revêt deux aspects : un effet vertical et un effet horizontal. L'effet direct vertical joue dans les relations

---

[203] G. Cornu, *Vocabulaire juridique,* op. cit., p. 67.

entre les particuliers et l'État. Cela signifie que les particuliers peuvent se prévaloir d'une norme communautaire vis-à-vis de l'État. L'effet direct horizontal joue dans les relations entre les particuliers. Cela signifie qu'un particulier peut se prévaloir d'une norme communautaire vis-à-vis d'un autre particulier.

Avant d'entrer dans les analyses, il faut opérer une dichotomie entre le sportif et le citoyen d'un État d'une part, et d'autre part dans la gestion de l'engagement à une clause compromissoire et au principe d'acceptation de risque sportif. En effet, le justiciable dont il est question qu'on soit en présence de la *lex sportiva* étatique ou internationale est le sportif pour les personnes physiques et le groupement sportif pour les personnes morales. Mais qu'entend-on par ces deux notions, afin d'éviter des divergences lexicologiques ? En ce qui concerne *les clubs ou groupements sportifs,* il faut distinguer les associations sportives et les sociétés anonymes sportives. Les associations sportives [204]qui concernent la pratique sportive non lucrative (ou de loisir) sont constituées au Cameroun conformément à la loi sur l'organisation et la promotion des activités physiques et sportives de 2018, qui en définit les diverses formes[205].

---

[204] Article 10 de la loi n°2018/014 du 11 juillet 2018 portant organisation et promotion des activités physiques et sportives au Cameroun. « *Association sportive: personne morale de droit privé constituée de personnes physiques ou morales volontairement regroupées pour organiser, exercer et promouvoir à titre principal et habituel une ou plusieurs activités physiques et sportives.* ».

[205] Article 40 de la loi n°2018/014 du 11 juillet 2018 portant organisation et promotion des activités physiques et sportives au Cameroun. «.-*(1) Le club sportif professionnel emploie des sportifs contre rémunération fixée d'accord-parties.*

(2) Pour la gestion de ses activités, le club sportif professionnel doit prendre l'une des formes juridiques suivantes:

– Société d'économie mixte (SEM);

L'article 38 de la loi précitée reconnaît que « Tout club sportif est soumis au contrôle de la ligue et de la fédération sportive nationale à laquelle il est affilié.

(2) Il accomplit une mission d'éducation et de formation de l'individu en développant des programmes sportifs. Il est unisport, à l'exception des clubs sportifs affiliés à une fédération sportive scolaire ou universitaire.».

La pratique sportive « *à but non lucratif* » et la « *nature commerciale d'une partie* » des activités structurent l'écart entre ces deux formes selon les articles 29 et 30 respectivement de ladite loi. Ces conceptions du droit camerounais de la notion d' « amateur » et de « professionnel » devraient évoluer, car le statut d'amateur relève aujourd'hui dans la doctrine au moins du « *niveau bas des frais engagés* »[206] afin de réaliser l'activité sportive, alors que le statut professionnel vise à « *réaliser le profit* »[207] mieux, de faire de l'activité sportive « un produit économique ». À propos du *sportif,* François Dikoume[208] et Jean Gatsi[209] reconnaissaient que c'est le personnage central de l'activité physique et sportive. À cet effet, nous distinguons *les sportifs amateurs,* qu'encouragent les associations sportives et les *sportifs*

– Société à responsabilité limitée (SARL);

– Société anonyme (SA). »

[206] J.-P. .Karaquillo et F. Alaphilippe, *Le dictionnaire juridique du Sport.*

[207] W. Andreff, J.-F.Bourg, B. Halb et J.-F..Nys, *Les enjeux économiques du sport en Europe : Financement et impact économique, Revue juridique et économique du Sport*, n°12, 1995.

[208] F. Dikoume, Le service public du sport en Afrique Noire: l'exemple du Cameroun, op. cit., p. 13 : « *Le sportif constitue la base de la structure sportive au Cameroun ; celui-ci s'associe à d'autres sportifs pour former une association sportive* ».

[209] J. Gatsi, *Le droit du sport*, op. cit., p 34 *: « Le sportif est le personnage central des activités physiques et sportives. C'est autour de lui que se concentre l'essentiel de la réglementation des pouvoirs publics* ».

professionnels faisant le sport de haut niveau, qu'on retrouve au sein des sociétés anonymes sportives[210].

Il faut relever que si la Charte abrogée des APS au Cameroun de 1996 n'avait pas pris la peine de définir de manière rigoureuse le sportif, la situation n'avait guère évolué avec le silence assourdissant de la loi n° 2011/018 du 14 juillet 2011, mais avec la loi de 2018 nous sommes encore dans le brouillard de ce que le législateur entend par sportif. Bien qu'en 2018, il ait pris la peine dans l'article 10 du Chapitre 3 de le consacrer aux définitions, ce qui est un mérite, des vingt-neuf notions définies, c'est celle de l'athlète qui se rapprocherait plus de ce que le législateur camerounais entend par sportif visiblement, on peut alors y lire que : « *tout pratiquant reconnu apte médicalement et régulièrement licencié d'une fédération sportive donnée.* ». Concluons très rapidement que cette définition ne prend pas en compte beaucoup de dimensions qu'on pourrait adosser au concept de sportif, comme la compétitivité, le professionnalisme, etc. Il est curieux d'adopter une loi sur l'organisation et la promotion des activités physiques et sportives sans prendre la peine de s'appesantir sur la définition d'un sportif. En effet, la loi de 2011 avait déjà opéré la même approche définitionnelle en son chapitre V organisant le sport de haut niveau et son titre III sur les athlètes et l'encadrement des sportifs suscités, un immense espoir de définition du sportif, l'article 23 de ladite loi considérait déjà l'athlète comme tout pratiquant reconnu apte médicalement et régulièrement licencié au sein d'un club sportif structuré. Le « *critère du niveau de performance* » nous semble à la suite de Jean Pierre Karaquillo et François Alaphilippe qui l'expriment dans *Le dictionnaire*

---

210 R. Blanpain, *Le statut du sportif : En droit international, droit européen, droit belge fédéral et communautaire,* Préface de Luc Misson, Larcier, Première édition, 2004.

juridique du Sport, être déterminant au lieu des « *formalités administratives* » qu'énonce l'article de manière peu rigoureuse.

Autant la loi n°2011/018 du 15 juillet 2011 relative à l'organisation et à la promotion des activités physiques et sportives, que la loi n°2018/014 du 11 juillet 2018 portant organisation et promotion des activités physiques et sportives qui l'a abrogée, sont des lois-cadres, c'est-à-dire qu'elles doivent réglementer de manière suffisante un domaine précis de la vie sociale contrairement à une loi générale qui légifère de manière générale et impersonnelle sur tout sujet. La conception du sportif au Cameroun devrait faire l'objet d'une précision rigoureuse par ladite règle législative. En effet, le sportif et le groupement sportif sont rattachés à l'État à travers la citoyenneté et l'agrément. De ce fait, ils peuvent réclamer l'application de la loi de l'État. Le fait d'accepter que le sportif ou le groupement sportif, malgré l'adhésion volontaire au système fédéral, ont des droits autres que ceux que leur reconnaisse ce lien juridique corporatiste n'est pas évident. Parce qu'à travers cette adhésion volontaire, ils confirment leurs engagements à se conformer à l'ensemble des règles de la discipline, c'est une soumission librement consentie[211].

La spécialisation de l'activité (le sport est un domaine technique) ne saurait être laissée à l'appréciation des non spécialistes. La création d'un esprit corporatiste en vue de favoriser des coutumes et règles applicables en son sein permet d'éviter les influences ou immixtions des forces extérieures. Le recours aux tribunaux de l'État ne saurait être écarté aux membres du mouvement sportif qui en

---

[211] G. Simon, « Les fondements du droit du sport», E. Bournazel (sous la Dir), op. cit., p. 94.

définitive ont l'option de choisir entre la procédure disciplinaire et étatique ou communautaire[212].

Il faut le réaffirmer avec force, les membres d'une association sportive ont l'option de juridiction à condition de se fonder sur la législation que connait celle-ci. C'est dire que si l'action est civile, pénale ou administrative, il faudrait absolument se fonder sur une réquisition de cette nature, afin de ne pas se voir opposer des exceptions de compétence par la juridiction étatique bien saisie au préalable. En effet, on connait la pratique par exemple de la clause compromissoire dans le domaine sportif, à ce niveau au Cameroun la loi de 2011 l'avait déjà consacré en disposant en l'article 59 (3) que « *les fédérations sportives nationales sont tenues d'inscrire dans leurs statuts une clause compromissoire liée à la saisine de la Chambre de Conciliation et d'Arbitrage en cas de conflits d'ordre sportif* ». La loi de 2018 confirme en l'article 94(*2*). « *Les fédérations sportives sont tenues d'inscrire, dans leurs statuts, une clause compromissoire ou la possibilité de recourir à un compromis d'arbitrage devant la Chambre de conciliation et d'arbitrage siégeant en matière d'arbitrage, en cas de conflits d'ordre sportif.* »

La tradition juridique exige que face à une clause compromissoire, le juge étatique puisse se déporter conformément à l'article 2 alinéa 3 de la Convention pour la reconnaissance et l'exécution des sentences arbitrales étrangères de New York du 10 juin 1958, qui dispose que « *le tribunal d'un État saisi d'un litige sur une question au sujet de laquelle les parties ont conclu une convention au sens du présent article, renverra les parties à l'arbitrage, à la demande de l'une d'elles, à moins qu'il ne constate que ladite convention est caduque, inopérante ou non*

[212] Jurisprudence de la CJCE dans *les arrêts Bosman, Malaja, Meca-Medina.*

susceptible d'être appliquée ».Le système OHADA[213] en matière d'arbitrage ne se démarque pas trop de cette position de principe, l'article 23 de son Traité modifié de 2008 dispose que *« Tout tribunal d'un État Partie saisi d'un litige que les parties étaient convenues de soumettre à l'arbitrage se déclarera incompétent si l'une des parties le demande, et renverra le cas échéant à la procédure d'arbitrage prévue au présent Traité »*.

La faculté du juge à statuer nonobstant l'existence d'une clause compromissoire est limitée s'il ne navigue dans les interstices de la caducité ou alors de l'inopérabilité de la convention, des situations très compliquées à démontrer. Bien plus, si l'une des parties l'invoque devant le tribunal de l'État, le juge doit renvoyer les parties devant l'instance arbitrale compétente, et sursoit à statuer. C'est le cas dans l'Affaire Dynamo FC, présidée à l'époque par Hervé *Emmanuel Nkom C/ Astres FC et Fédération camerounaise de football* devant la Cour d'Appel de la région du Littoral en 2009. Il faut dire avec Franck Latty (2009) que « *la possibilité offerte par l'arbitrage de s'émanciper des juges étatiques et de l'application de leur droit a retenu toute l'attention d'un mouvement olympique soucieux d'assurer son autonomie la plus vaste. Contrairement aux clauses statutaires interdisant les recours juridictionnels, illégaux et donc inopposables aux juges, l'arbitrage est un instrument juridique reconnu par les droits étatiques qui autorisent l'administration d'une justice autonome pour autant qu'elle assure le respect des garanties fondamentales* ».

---

[213] Organisation pour l'harmonisation du Droit des Affaires en Afrique.

II.2. La mise en œuvre par le juge de l'invocabilité de la *lex sportiva* internationale.

Tableau 4 : Situation des saisines des juridictions étatiques par les membres ou groupements sportifs au Cameroun

Année	Affaires et parties	matière	Instance juridictionnelle	Objet du contentieux	Décision de la juridiction étatique
1978	*l'Affaire Aigle royal de Dschang « El pacha » c/ État du Cameroun et ministère de la Jeunesse et des Sports*	Contentieux administratif	Cour suprême/ chambre administrative	Contestation du retrait de 2 points au Club Aigle royale par la Fécafoot	Recours d'Aigle royal de Dschang irrecevable comme prématuré
1992	*l'Affaire Dutchou C/ État du Cameroun*	Contentieux administratif	Cour Suprême / chambre administrative	Contestation de la rétrogradation de l'arbitre Dutchou de la première à la deuxième division sans avoir été entendu par la Fecafoot	La haute juridiction se déclare incompétente, car la Fecafoot est une institution privée ayant des statuts autonomes de l'État
2003	Affaire TKC/ TKC SAOS	Contentieux civil	Tribunal de première instance de Yaoundé Ekounou	Déclarer nulle et de nul effet la création du TKC SAOS	Le tribunal se déclare incompétent et demande aux parties de se pourvoir devant la Fecafoot
2007	Affaire club sportif de la Sanaga maritime C/ Fecafoot	Contentieux civil	Tribunal de première instance d'Edéa (saisi par le club) et la Cour d'Appel du Littoral (saisi par la fecafoot en appel)	Déclarer nul le refus d'affilier le club sportif de la Sanaga maritime par la ligue départementale (troisième division)	le juge des référés d'Edéa ordonne à la ligue départementale de programmer les matches du Club sportif de la Sanaga Maritime sous astreinte de 100 000 FCFA par jour de retard, la cour d'appel a mis l'affaire en délibéré.
2008	Affaire	Contentieux	Tribunal de	Demande de réparation du préjudice moral subi par les accusations	déclare la requête de Bamboutos de Mbouda fondée en déclarant le

	Bamboutos FC C/ la Fecafoot	civil	Première instance de Yaoundé	de la Fecafoot qualifiant Bamboutos de corrupteur et demande 1 franc symbolique,	club non coupable des faits de corruption, condamne la Fecafoot à payer un franc symbolique au titre de dommages et intérêts
2009	Affaire Dynamo FC C/ Astres FC et Fecafoot	Contentieux civil	Cour d'Appel de la région du Littoral	Disqualification de Dynamo FC et la suspension du président (Herve Emmanuel Nkom) de toutes activités de la Fecafoot,le	Tribunal s'est déclaré incompétent, car la Fecafoot a soulevé la clause compromissoire et a renvoyé les parties à mieux se pourvoir
2013	Affaire Bernadette Omgba Zing C/ *Société Tonnerre Kalara Club S.A.*	Contentieux civil	Tribunal de première Instance de Yaoundé Ekounou	Empêcher le Sieur Onambelé Zibi Emile, président de l'Association TKC, d'agir au nom et pour le compte de la société anonyme TKC.	Le TPI d'Ekounou dit clairement qu'Emile Onambelé Zibi qui est le président de l'association TKC ne peut plus créer une société portant le même nom.

Source : l'auteur

À l'analyse, nous avons d'une part une période que nous qualifierons de contentieux administratif jusqu'en 1992 avec l'arrêt de principe Dutchou et la période du contentieux civil manifestant l'allégeance au changement de statut juridique des groupements sportifs et partant des sportifs dans leur régime juridique face à l'institution étatique. Constatons que cette dissection va constituer les lignes de partage de notre exégèse, mais avant, disons qu'il n'y a pas de trace de contentieux de nature pénal sur initiative des sportifs et des groupements sportifs au Cameroun, nous en donnerons les raisons plus loin. Autant signaler que la dimension communautaire, elle, est inexistante.

En ce qui concerne le contentieux administratif, convenons avec Prosper Nkou Mvondo que la compétence du juge administratif dans les litiges sportifs est « dépassée »[214]. Deux affaires vont cristalliser cette réalité juridique : l'Affaire Aigle Royale FC de Dschang de 1989 et Affaire Dutchou 1992.

D'abord l'Affaire *Aigle Royal FC de Dschang C/ État du Cameroun-ministère de la Jeunesse et des Sports de 1989*[215]. La Commission d'Homologation et de Discipline de la Fecafoot a décidé de retirer deux points au club Aigle Royal FC pour les attribuer à un autre club, le Diamant de Yaoundé. Le recours fédéral interjeté auprès de l'instance fédérative compétente qu'est le bureau exécutif s'est soldé par une confirmation de la décision de ladite Commission. Le club, insatisfait de la nature responsive de cette décision ultime, sanctionnant la fin de la procédure fédérative et surtout pénalisé sportivement, va directement saisir la chambre administrative de la Cour Suprême aux fins d'annulation de la décision querellée.

Il faut noter que le Président du club, pénalisé, affirme avoir pris connaissance de la décision par radio le 22 novembre 1987 et le 21 janvier 1988, c'est-à-dire deux mois plus tard, il saisit le juge administratif. La haute juridiction va considérer le recours d'Aigle Royal FC comme prématuré, car il n'a pas respecté les actes préalables de procédure et les délais n'étant pas encore accomplis. Le recours gracieux préalable devant l'autorité compétente (ministre chargé des Sports) n'a donc pas été effectué, la haute juridiction déclare le recours du club demandeur irrecevable comme prématuré et le condamne aux dépens.

---

[214] P. Nkou Mvondo, *Le football camerounais en péril*, p. 195.
[215] CS-CA, Jugement n°48/88-89 du 25 mai 1989.

Cette affaire a permis d'affirmer le principe de la compétence du juge administratif pour connaitre du contentieux disciplinaire des fédérations sportives au Cameroun. Car l'essentiel du débat au fond, portant sur le respect de l'éthique sportive et la nécessité d'un recours gracieux préalable en matière sportive sans éluder l'épineuse question de l'autorité compétente pour le recevoir[216], n'a pas été abordé par le juge administratif.

Il n'a pas fallu très longtemps au juge administratif camerounais pour avoir l'occasion d'opérer une rupture épistémologique avec la position jurisprudentielle issue de cette affaire Aigle Royal grâce à l'Affaire Dutchou.

L'affaire *Dutchou c/ État du Cameroun-Ministère des Sports et Fecafoot*[217] achève la construction administrative des réquisitions sportives devant les juridictions étatiques au Cameroun. Monsieur Dutchou, arbitre de football de la Fecafoot, est informé par la presse qu'il est rétrogradé en deuxième division par la Commission d'Homologation et de Discipline, cela sans qu'il ait eu l'occasion d'être entendu par l'instance fédérative. Le sieur Dutchou saisit la chambre administrative de la Cour Suprême pour faire annuler la décision querellée. Le ministère chargé des Sports, appelé dans cette affaire, argue que l'État ne peut pas être impliqué dans cette cause, car la Fecafoot a un statut autonome par rapport à l'État.

Soulignons que nous sommes en 1992 avec le changement des textes et statuts des fédérations nationales impulsés par les organismes sportifs internationaux. La haute juridiction estime dans ses réquisitions que la Fecafoot n'est ni une collectivité publique, ni un établissement public, encore moins un démembrement de

---

[216] S'agit-il du président de la fédération ou alors du ministre en charge des Sports ?

[217] CS/CA, Jugement n° 27/92-92 du 27 février 1992.

l'État, c'est une association privée dont les décisions internes ne doivent pas être connues pas la haute cour administrative. Le juge administratif se déclare incompétent dans les litiges internes à la Fecafoot.

In fine en matière administrative sur le plan sportif au Cameroun, si en 1989 la Chambre administrative de la Cour Suprême affirme la recevabilité des affaires sportives comme principe, c'est un véritable revirement jurisprudentiel qu'opère ladite chambre en 1992 dans l'affaire Duthou. *Le temps du monde*[218] cher à Zaki Laidi s'est mondialisé après la guerre froide[219] avec le triomphe des idéaux libéraux capitalistes qui pénètrent les organismes sportifs internationaux et par ricochet leurs représentations nationales redistribuant les cartes dans leurs rapports avec l'État.

Par exemple, la fédération camerounaise de football commençait alors au début des années quatre-vingt-dix à harmoniser ses statuts avec ceux de la FIFA, condition *sine qua non* pour participer aux compétitions internationales organisées pas cette dernière. Le Cameroun au lendemain de sa brillante campagne à la Coupe du Monde de 1990 a arrimé mécaniquement[220] les statuts de « sa » fédération de football sans présager du début

---

[218] Z. Laidi, « Le temps du monde » in M.-C. Smouts (sous la Dir), *Les nouvelles relations internationales. Pratiques et théories*, FNSP, Paris, 1998, pp. 183-198.

[219] S. Cohen, « Décisions, pouvoir et rationalité dans l'analyse de la politique étrangère » in M.-C. Smouts (Sous la Dir), *Les nouvelles relations internationales. Pratiques et théories*, FNSP, Paris, 1998, pp. 75-91. Lire aussi A.-M. Legloannec, « Y a-t-il une pensée stratégique dans l'après-guerre froide ?» in M-C Smouts (sous la Dir), *Les nouvelles relations internationales. Pratiques et théories*, FNSP, Paris, 1998, pp. 335-367.

[220] Sans aucune préparation à vrai dire de l'État à transférer les compétences juridiques et à reconnaître immédiatement l'autonomie « d'un » service de son ministère en charge du sport d'hier.

d'autonomie juridique, heureusement que la haute juridiction a bien été consciente de cette nature juridique hybride dans ladite cause.

En ce qui concerne les requêtes civiles, on a cinq affaires : *l'Affaire TKC/ TKC SAOS en 2003, l'Affaire club sportif de la Sanaga maritime C/ Fecafoot en 2007, l'Affaire Bamboutos FC C/ la Fecafoot en 2008, l'Affaire Dynamo FC C/ Astres FC et Fécafoot en 2009 ; l'Affaire Bernadette Omgba ZingC/ Société TKC de 2013.*

Dans l'Affaire *TKC/ TKC SAOS* en 2003, les plénipotentiaires du Tonnerre Kalara Club (TKC) vont porter devant le tribunal de première instance de Yaoundé Ekounou leur demande en annulation de la dissolution de l'association sportive TKC et la création du TKC SAOS (société anonyme à objet sportif) devant un notaire le 29 avril 2003 par les dirigeants en place de ladite association sportive (Antoine Essomba Eyenga). Ces derniers non contents de cette transformation du statut juridique de leur groupement sportif accusent le président en place auteur de ladite opération juridique, monsieur Essomba Eyenga, d'avoir malicieusement transformé l'association sportive TKC en "TKC-SAOS" à des fins lucratives alors que le général Pierre Semengue a créé une société anonyme. Les requérants désiraient que le tribunal de céans reconnaisse au TKC la légitimité juridique sur le territoire national en lieu et place de « *l'usurpatrice* » TKC-SAOS. Dans cette cause, il revenait au juge de se prononcer sur deux choses ; d'abord la recevabilité de la cause et enfin d'examen au fond des décisions d'un organisme privé même revêtu des attributs solennels (déclaration notariée).

Sur la recevabilité, le tribunal répond par l'affirmative et enrôle l'affaire ; mais sur l'examen de la décision, les parties n'ayant pas saisi les instances de leur organisation privée (Fecafoot) pour qu'elle se prononce sur la conformité de leur statut à ses textes fondamentaux, le tribunal renvoie les protagonistes devant la Fécafoot afin que les instances compétentes se prononcent sur la conformité de cette mutation de statut du club TKC en TKC-SAOS avec ses textes. En décidant ainsi, le juge camerounais confirme sa prise de distance avec l'analyse de la *lex sportiva* non seulement nationale, mais surtout internationale. Cela se comprend, car ledit juge n'a pas que des affaires de l'ordre sportif à trancher quotidiennement par rapport à tous les autres ordres classiques (pénal, social, administratif).

L'Affaire *Club sportif de la Sanaga maritime C/ Fecafoot* en 2007, après la création du club sportif de la Sanaga maritime (CSSM) en juin 2007 avec comme Président pour une période de quatre ans Joseph Antoine Bell, les formalités de participation au championnat de troisième division organisée par la Fecafoot sont diligentées.

Pendant que le club s'acquitte des droits d'affiliation et du paiement des licences, le Président de la ligue départementale de la Sanaga maritime envoi une correspondance au club déclarant en substance que « *le président dont le club a fait l'objet d'un forfait général pendant l'exercice de sa présidence ne pourra à partir de la date du constat(...) et pendant cinq années, être membre du comité directeur d'un autre club affilié ou organe de la fédération ou de ses ligues spécialisées* ». Ce qui induisait que Joseph Antoine Bell ayant été le président d'As Babimbi en deuxième division du Littoral pendant la saison qui s'était écoulée ne pouvait plus prétendre à un poste au « comité directeur » du CSSM selon les dispositions de la fédération. Le CSSM saisit en procédure de référé le Tribunal de Première Instance (TPI) d'Edéa vu que la saison de football du championnat de troisième division de la Sanaga Maritime était imminente, afin que le juge rapporte cette décision inique du président de la ligue départementale de football de la Sanaga Maritime.

Il revenait au juge de référé de statuer sur sa compétence et d'examiner une décision d'une association sportive privée au fond. Sur la première sollicitation, le juge se déclare compétent et sur le fond, ordonne à la ligue départementale de la Sanaga Maritime de programmer les matches du Club sportif de la Sanaga Maritime sous astreinte de 100 000 FCFA par jour de retard. Cette décision en référé ayant pour conséquence majeure la suspension définitive du championnat de troisième division de la ligue départementale de la Sanaga maritime (arrêté à la 3e journée) jusqu'à ce qu'un règlement définitif soit trouvé.

La Fecafoot manifestement déçue de cette décision défavorable va faire appel devant la Cour d'appel de la région du Littoral à Douala pour que ladite décision soit reformée. La haute juridiction avait appelé l'affaire le 24 septembre 2012 et renvoyé son verdict au 8 octobre 2012 pour réquisitions du ministère public, a entendu les deux parties avant de mettre l'affaire en délibéré.

Pour la première fois, quelle que soit la matière, le juge étatique camerounais se prononce enfin sur le fond d'une réclamation à caractère sportive et il constate que les règles élémentaires d'une bonne administration de la justice ne sont pas forcément réunies dans cette justice sportive. Aussi le juge se fait le porte-étendard de la défense de l'éthique sportive dans la cause.

Le CSSM a-t-il été reçu par la présidence départementale de ligue de football de la Sanaga selon ses requêtes en vue d'écouter ses arguments ? Pourquoi attendre la veille du début du championnat départemental de troisième division pour la signifier de manière aussi lapidaire[221]?

Cette fois le juge a examiné au fond et a constaté certains manquements aux principes élémentaires des droits de la défense qui permettent une bonne administration de la justice.

Autre affaire en matière civile, c'est l'Affaire *Bamboutos FC C/ la Fecafoot* en 2008. Pendant la deuxième mi-temps de la rencontre de football opposant Bamboutous Football Club(FC) de Mbouda à Fédéral FC du Noun le 16 septembre 2007, l'inspecteur des arbitres (Tombi A Roko) déclare aux officiels de la rencontre qu'il a assisté *de visu* à une remise d'argent entre le joueur nommé Roger Koss de l'équipe Bamboutos FC et le joueur Nkoum de fédéral FC son adversaire du jour. Ensuite, le respect de l'équité sportive par le joueur Nkoum est remis en cause, car le club fédéral encaisse un but supposé de son fait fautif, raison pour laquelle à la fin dudit match le joueur querellé subit une fouille minutieuse au corps afin de retrouver les traces du *corpus delicti*, malheureusement aucune somme d'argent ne sera trouvée sur le présumé.

Nonobstant ce manque *d'instrumentum laboris* pour confondre lesdits fautifs, l'arbitre central sur la base exclusive des déclarations de l'inspecteur de match Tombi A Roko accuse Bamboutos FC de corruption. La Commission d'homologation et de discipline sanctionne Bamboutos FC et sa décision est confirmée devant la Chambre des recours de la Fecafoot le 26 septembre 2007, reconnaissant la culpabilité du club querellé dans l'affaire de corruption et prononce sa rétrogradation de la première

[221] On l'a vu aussi pour l'affaire Dutchou c'était par la presse que le requérant avait appris sa rétrogradation comme arbitre.

à la troisième division. Le 3 octobre 2007, le club sanctionné introduit une requête devant le Tribunal de Première Instance du Mfoundi. Il était question de prouver que le tribunal civil est compétent pour connaître des affaires de corruption au regard de l'article 1382 du Code civil. Dans cette requête, il est dit que les faits de corruption reprochés à Bamboutos FC sont imaginaires et inexistants, car l'article 5 des textes de la FIFA indique que lorsqu'un corps étranger pénètre dans l'aire de jeu, l'arbitre doit arrêter le match, faire un constat et l'extirper. Cela n'a pas été fait et il n'y a pas de corps du délit. De plus, le conseil de Bamboutos de Mbouda a demandé au tribunal de juger que Bamboutos club est non coupable, avec toutes les conséquences de droit à savoir le rétablir dans ses droits, précisément de réparer le préjudice moral subi.

La Fecafoot a soulevé au préalable l'exception d'incompétence devant la juridiction de céans arguant de ce que, selon la Charte des APS de 1996 en vigueur à l'époque, les litiges d'ordre sportif ne sont que du ressort des organes juridictionnels de la Fecafoot qui ont rendu leur décision suivant les textes de la fédération. Dans la cause, il revenait à ladite juridiction de se prononcer sur sa compétence et sur le fond, le juge a d'abord déclaré la compétence de sa juridiction à connaître de cette affaire concernant le sport et a ensuite sur le fond déclaré la requête de Bamboutos de Mbouda fondée en déclarant le club non coupable des faits de corruption, condamne la Fécafoot à payer un franc symbolique au titre de dommages et intérêts à Bamboutos de Mbouda, condamne la Fécafoot aux dépens le 28 juillet 2008.

Si cette décision est intéressante parce que le juge accepte sa compétence et pénètre l'interprétation de la *lex sportiva internationale* (*la lex FIFA* dans ce cas) dans le fond, il faut *ipso facto* reconnaître quelques postures très discutables au demeurant critiquables sur la décision de la juridiction de céans. Pour le juge du Tribunal de Première Instance de Yaoundé, les règles attributives de compétence aux juridictions étatiques sont d'ordres publics. Une convention privée, comme les statuts de la Fecafoot, renvoyant les parties à une autre juridiction, devrait s'effacer devant les lois attribuant une compétence aux juridictions étatiques.

Cette vision ne prend pas en compte l'article 2 alinéa 3 de la Convention pour la reconnaissance et l'exécution des sentences arbitrales étrangères de *New York* du 10 juin 1958 ou les dispositions de l'article 23 du traité OHADA modifié en 2008 en matière d'arbitrage réclamant au juge quand « l'une » des parties signataires d'une convention d'arbitrage réclame son application de surseoir à statuer et de renvoyer celles-ci devant l'instance arbitrale compétente pour connaitre du contentieux. Les modalités de règlement spontané par l'arbitrage et la conciliation sont non seulement reconnues par l'État, mais encadrées par ce dernier pour donner une certaine cohérence aux principes du parallélisme des formes comme le reconnaît Filali Osman[222]. Mais ces divagations du juge du TPI de Yaoundé seront rattrapées de justesse par le TPI de Douala dans l'affaire concernant Hervé Emmanuel Nkom où la juridiction de céans aura une lecture conforme aux principes de droits en matière de clause compromissoire.

L'Affaire *Dynamo FC C/ Astres FC et Fecafoot* en 2009, à la suite du tournoi des barrages (la finale) devant déterminer le plénipotentiaire de la province du Littoral au 31e tournoi « interpoules », l'équipe Dynamo et l'équipe Astres se sont affrontées en finale et il y'a des réclamations de Dynamo FC visant à déclarer ce club

---

[222] F. Osman, *les principes généraux de la lex mercatoria. Contribution à l'étude d'un ordre juridique anational*, op. cit., p. 212.

vainqueur vu les divers manquements aux règles du club adverse, devant la Fecafoot.

Le Bureau exécutif de la Fédération camerounaise de football s'est prononcé en faveur d'Astres FC qui devait alors représenter la province du Littoral au tournoi interpoules qui allait démarrer le 20 novembre 2004 et a aussi décidé de suspendre son président Hervé Emmanuel Nkom de toutes les activités de la Fécafoot pour une durée de 18 mois. Non satisfaits de cette décision de l'organe faîtier, le club et son président dans une cause conjointe saisissent les autorités judiciaires de première instance de Douala pour lever la suspension dudit président, non satisfait de la décision de ces premiers juges. L'appel devant la Cour d'appel du littoral est interjeté et le 5 mars 2009, la haute juridiction déclare son incompétence, car la Fécafoot a demandé l'application de la clause compromissoire et le juge conformément à la convention de New York et aux dispositions de l'OHADA s'est déclaré incompétent et a renvoyé les parties à mieux se pourvoir devant les instances arbitrales compétentes de leurs associations privées de rattachement.

Dans ce cas, la Cour d'appel du Littoral n'a pas suivi les réquisitions du tribunal de première instance du Mfoundi dans l'affaire Bamboutos qui avait battu en brèche la force opératoire d'une clause compromissoire en matière arbitrale.

Enfin, Affaire *Bernadette Omgba Zing C/ Société Tonnerre Kalara Club S.A.*[223], qui oppose dame Bernadette Omgba Zing à l'Association sportive Tkc dirigée par le sieur Emile Onambelé Zibi. En l'espèce, dame Bernadette Omgba Zing intente une action devant le tribunal aux fins d'interdiction au président général de

[223] Ordonnance n°72 du 25/02/2013 du TPI de Yaoundé-Ekounou.

l'Association Sportive Tkc, sieur Emile Onambelé Zibi, d'agir au nom et pour le compte de la société anonyme Tonnerre Kalara Club. Sur la forme, le tribunal d'Ekounou s'est finalement déclaré *« compétent »* pour juger cette affaire.

Dans le fond, le tribunal constate que sans avoir la qualité, sieur Emile Onambelé Zibi, Président général de l'Association Tonnere Kalara Club, a fait convoquer une assemblée constituante de la société Tonnere Kalara Club S. A. Par cet acte, il viole l'Acte Uniforme OHADA.

Au rebours de ces affaires en matière civile, si on peut constater que le juge reste prudent de connaitre ou d'interpréter la *lex sportiva internationale* ou même nationale, il peut aussi comme dans l'affaire CSSM concernant Joseph Antoine Bell, constater les manquements à l'éthique sportive ou des droits de la défense. C'est le rôle du juge quand il se déclare compétent, car il est le juge de droit commun et doit quand il accepte de connaître des affaires du sport, vérifier si celles-ci respectent non seulement les principes de droit commun, mais aussi les principes sportifs fondamentaux accessibles à tous.

Il faut aussi attirer l'attention des juges sur la nécessaire cohérence de la jurisprudence en matière sportive, car il n'est pas bon qu'à la question de savoir si devant une clause compromissoire il faut que le tribunal étatique respecte les conditionnalités permettant son office conformément à l'article 2 alinéa 3 de la Convention pour la reconnaissance et l'exécution des sentences arbitrales étrangères de *New York* du 10 juin 1958 et tous les engagements internationaux en matière d'arbitrage et de conciliation régulièrement ratifiés par le Cameroun (OHADA) , le TPI du Mfoundi répond que les règles attributives aux juridictions de l'État sont d'ordres publics et la Cour d'appel de Douala reconnaît qu'il faut que le juge de l'État se déclare incompétent et renvoi les parties devant l'instance arbitrale compétente. Cela démontre au mieux l'absence d'unité et de cohérence de l'office de la justice étatique en matière de sport, avec des conséquences visibles sur la fiabilité de la jurisprudence sportive au Cameroun.

En matière pénale, nous ne décelons pas d'affaire au niveau du Cameroun, sûrement parce que le système pénal camerounais est celui de l'opportunité des poursuites et non de la légalité des poursuites. En effet, pour Roger Merle et André Vitu[224], l'opportunité des poursuites est un principe procédural en matière pénale, consacrant la faculté du parquet à décider seul de poursuivre ou non, une personne soupçonnée d'avoir commis une infraction. L'opportunité des poursuites encore appelée *nolle prosequi* en *common law* est différente du principe de la légalité des poursuites pour lequel le procureur est lié par l'enquête préliminaire dont les résultats tangibles ou même seulement au niveau des soupçons va déterminer l'office de ce dernier de poursuivre. Il faut dans ce deuxième modèle conduire la procédure à son terme nonobstant l'irruption d'éléments nouveaux susceptibles de faire arrêter la procédure. *In fine*, le procureur n'a alors d'autre choix que de réclamer un non-lieu, la décision appartenant aux seuls juges.

Cette réquisition automatique du juge justifie au Cameroun des situations comme celle que Jean Lambert Nang[225] décrit dans son livre, pour lui, nonobstant tous les contrôles et les convocations devant la police judiciaire les associations sportives nationales recourent toujours à

[224] R. Merle et A. Vitu, *Traité de droit criminel*, Tome II, La procédure pénale, *Cujas*, Paris, 1979.
[225] J.-L. Nang, *Desperate Football House*, op. cit., pp. 315-316.

l'intervention de leurs organisations internationales d'adhésion, pour crier à l'ingérence et sanctionner le Cameroun.

Aussi les différentes enquêtes internes effectuées dans les fédérations ne peuvent donner suite automatiquement à une procédure devant le juge étatique parce que nous sommes dans le système de l'opportunité des poursuites en matière pénale au Cameroun. Il faut aussi souligner l'absence de la dimension communautaire dans cette action des sportifs et groupements sportifs devant les juridictions étatiques.

On ne peut ignorer le statut hybride des fédérations nationales représentant l'État indirectement par l'affiliation à la fédération internationale sportive et devant en même temps se soumettre à celle-ci[226]. Mais il n'en demeure pas moins que l'État est en relation avec le mouvement sportif, car certaines de ses plaintes l'extirpent de sa latence pour l'installer comme acteur patent capable d'invoquer « directement » l'application d'une norme internationale sportive.

L'analyse structurelle du mouvement sportif de la majorité des auteurs[227] présente l'action, quelle que soit sa nature de l'État vis-à-vis des institutions sportives internationales comme une action indirecte menée à travers l'association nationale. Il semble nécessaire d'essayer d'apporter une vision différente à cette tendance générale, parce que cette conception feutrée explique quelque peu les hiatus qui existent entre les institutions sportives et l'État. En prenant cette posture à la suite de

---

[226] C. Dudognon, « Le statut des fédérations sportives et le service public du sport », op. cit., p. 228.

[227] Éric Bournazel, Jean Honorat, Jean-Pierre Karaquillo, François Alaphilippe, Gerald Simon, Luc Silance, François-Claude Dikoumé pour ne citer que ceux-là.

Franck Latty qui parle de « *publicisation* »[228], il faut constater que l'État ne peut raisonnablement être considéré comme acteur indirect du sport, car les interpénétrations sociologiques non officielles sont légion, et il est important de les institutionnaliser afin que cesse l'hypocrisie des lignes de démarcation, qui en définitive ne sont point des lignes Maginot (c.-à-d. infranchissables).

Prenons l'exemple des statuts de l'IAAF et de la FIFA pour illustrer notre démonstration.

L'article 1 du statut de l'IAAF indique qu'elle « se composera d'organismes nationaux d'athlétisme qui auront été démocratiquement élus conformément à leurs statuts et qui s'engageront à se conformer aux statuts et à respecter les règles et règlements. ». Cette disposition permet de voir que l'État en tant qu'institution n'est pas membre de cette organisation, c'est les « organismes nationaux d'athlétisme » qui en font partie.

L'article 10 alinéa 1 des statuts de la FIFA qui énonce que:

> *« peut devenir membre de la FIFA toute association responsable de l'organisation et du contrôle du football dans un pays. Par 'pays' on entend dans ce contexte un État indépendant reconnu par la communauté internationale. Sous réserve des exceptions prévues aux al 5[229] et 6[230], la FIFA ne reconnaît qu'une seule association par pays ».*

Dans les textes de l'IAAF et de la FIFA que nous venons de présenter, l'État est présent *par ricochet*, c'est-

---

[228] F. Latty, *La lex sportiva*, op. cit., p. 769.

[229] Article 10 alinéa 5 du Statut de la FIFA *« Chacune des quatre associations britanniques est reconnue comme un membre individuel de la FIFA » ; voir Annexes de cette étude.*

[230] Article 10 alinéa 6 du Statut de la FIFA *« Avec l'autorisation de l'association du pays dont elle dépend, une association d'une région n'ayant pas encore obtenu l'indépendance peut également demander l'admission à la FIFA » ; voir Annexe III de cette étude.*

à-dire qu'il n'existe qu'à travers l'association nationale responsable de l'organisation et du contrôle de la discipline dans le pays. Alors que dans la majorité d'organisations internationales, la coutume voudrait que la qualité de membre soit subordonnée à l'accession à l'indépendance et à la reconnaissance internationale d'un État.

On constate que pour la grande majorité des fédérations sportives, ce sont les nations[231] au sens premier différent de celui de la FIFA[232] et non les États (*souveraineté, reconnaissance internationale et éléments caractéristiques*) qui sont prises en compte pour former ses membres. Il est aussi important de signaler à ce niveau qu'aucune référence aux normes nationales des États n'est effectuée dans les statuts desdits organismes sportifs internationaux, contrairement aux dispositions de certains États comme le Cameroun, faisant référence à la *lex sportiva* internationale.

Nous postulons pour l'existence sociologique et non juridique des relations directes entre les États et les organisations internationales sportives. Il apparait que les relations directes entre les États et les Fédérations sportives existent[233], au moins des correspondances

---

[231] *Sentiment d'appartenance à une nation organisée même si on manque certains éléments fondamentaux d'un État comme le territoire, la population, le pouvoir politique, la souveraineté et la reconnaissance internationale.*

[232] La Fédération palestinienne de football a été créée en 1962 est reconnue par la FIFA qu'en 1998, après la création de l'Autorité palestinienne. La Palestine n'est pas encore considérée comme un Etat au sens du droit international (*pas membre de l'ONU*), mais en tant que nation elle est acceptée par la FIFA.

[233] M. Hourcade, « Le sport et l'État de droit : Approche sociologique », op. cit., p. 149.

officielles aux gouvernements, mieux encore dans certains cas des notes instructives[234].

Au demeurant, n'est-il pas bénéfique pour ces deux parties, au vu de l'analyse que nous venons de faire de rendre cette sphère relationnelle opératoire ?

Le tableau suivant permet de constater qu'au Cameroun l'État considère qu'il peut attraire devant les juridictions nationales des responsables associatifs ayant particulièrement pris des écarts avec la vertu et l'éthique sportive, nonobstant la rémanence des réactions énergiques avec la FIFA. Le tableau ci-contre nous fait comprendre cet état des choses.

Tableau 5 : état de la saisine des instances juridictionnelles étatiques par l'État en matière sportive au Cameroun

Année	**Affaires et parties**	**matière**	**Instance juridictionnelle**	**Objet du contentieux**	**Décision de la juridiction étatique**
1999	Affaire État du Cameroun et Minjes C/Vincent Onana	Contentieux pénal	TGI Yaoundé et Cour D'appel de Yaoundé	Détournement et trafic des billets de la coupe du Monde 1998	acquitté par la justice camerounaise

Source : l'auteur

234 F.-C.Dikoume et P. Kosyakbe, « Les rapports entre l'État du Cameroun et la Fédération internationale de football association (FIFA) », Bournazel (E.) (sous la Dir), op. cit., p. 199 : « *(...) un deuxième message daté du 3 mai 1994 est adressé* par la FIFA *à la Fédération, mais aussi au ministère de la Jeunesse et des Sports dans lequel on peut lire'... Si les interférences gouvernementales dans les activités des fédérations persistent, la FIFA sera contrainte de suspendre cette association nationale ».*

L'Affaire *État du Cameroun-Minjes C/ Vincent Onana* en 1999, en 1998, le ministre chargé du Sport estime que la répartition des billets d'entrée dans les différents stades de la Coupe du Monde remis à la Fédération camerounaise de football pour le compte du Cameroun, a subi une gestion allant à l'encontre des intérêts de l'État camerounais et a fait l'objet des manœuvres spéculatives. Sur ces entrefaites, il saisit la justice au nom de l'État camerounais pour que les responsables soient sanctionnés.

Il saisit le Tribunal de Grande Instance compétent en matière correctionnelle d'une plainte avec constitution de partie civile contre le sieur Vincent Onana alors encore président de la Fécafoot. Il revenait au tribunal de céans de se déclarer d'abord compétent et ensuite de dire si l'usage des billets mis à la disposition de la Fecafoot pour le compte du Cameroun par la FIFA pouvait faire l'objet d'un détournement par le Président de la fédération camerounaise de football selon les termes qualifiant cette infraction en droit camerounais. Le tribunal de Grande Instance (TGI) se déclare compétent, car l'État place l'affaire dans le cadre d'une infraction pénale, mais n'arrive pas à constituer les éléments susceptibles d'être qualifiés de détournements au passif du défendeur. Devant les difficultés de l'accusation, le TGI de Yaoundé a relaxé le sieur Vincent Onana au bénéfice du doute en 2000 après 2 années de détention préventive. Non satisfait des motivations formulées dans les réquisitions de ladite institution judiciaire, le ministère des Sports fait appel de cette décision devant la Cour d'appel du Centre à Yaoundé, celle-ci suivra la décision du TGI de Yaoundé le 14 mai 2002, en acquittant à nouveau Vincent Onana.

Démontrer que les billets de la FIFA sont des « biens » de l'État du Cameroun susceptibles d'être détournés devrait être une tâche ardue pour le tribunal de céans. Car sur le terrain de l'infraction « *d'abus de biens sociaux* », cette affaire aurait pu prospérer, à condition de créer un schisme dans la fédération avec des parties qui auraient été le bras armé de l'État pour dénoncer ces pratiques, mais sur le terrain du « *détournement de biens publics* » il faut absolument se rassurer que nous sommes en présence d'un « bien public ». Au demeurant, comment faire pour que le billet d'entrée dans un stade de la coupe du monde de football de la FIFA soit qualifié de « bien public » ? Le qualificatif « public » étant rattaché ontologiquement à une prérogative d'intérêt général.

Bien plus, en matière sportive, les organismes sportifs internationaux ont leurs mécanismes de contrôle interne de la gestion des biens octroyés à des fédérations nationales. Ceux-ci ne voient pas d'un bon œil l'irruption de l'État dans le contrôle du management desdits biens, ils supportent encore que le contrôle s'effectue sur les biens et deniers que l'État met à la disposition des fédérations nationales, ce qu'il faut le souligner relève du bon sens et d'une prétention légitime.

Nous le constatons, l'affaire État du Cameroun C/ Vincent Onana en est une preuve, il y'a dans l'esprit du juge camerounais à l'heure actuelle une barrière psychologique infranchissable en ce qui concerne l'applicabilité de la *lex sportiva internationale* ou même nationale. Soit il se déclare incompétent excipant les clauses compromissoires, soit quand il intervient, son interprétation entre en contradiction flagrante avec la *lex sportiva internationale* comme dans l'affaire Bamboutos, ou enfin le juge outrepasse son cadre d'intervention.

La prégnance de l'arrangement associatif à l'autel de la consolidation des clauses compromissoires sur fond d'arbitrage et de la conciliation en matière sportive nous renvoie dans la nasse du désordre normatif actuel qu'augure et dessine la peinture que nous venons de réaliser de l'existant en matière d'applicabilité de la *lex sportiva internationale* au Cameroun. Le comportement timide, évasif et quelquefois erratique du juge dans sa fonction d'interprétation, appelle que l'importance de son rôle soit derechef rappelée à ce niveau au Cameroun.

L'invocabilité suppose au-delà du justiciable possible (État ou individu) ayant pris l'option de saisir le juge, et de l'arrangement associatif faisant jouer les clauses d'exclusivité juridictionnelle, que le juge accepte d'appliquer les normes de l'un ou l'autre ordre juridique.

CHAPITRE II :

L'ÉTENDUE DE L'ACTION DU JUGE CAMEROUNAIS SUR LE SPORT

Quand l'option de recourir au juge étatique est adoptée par le justiciable, il faut qu'il règle quelques problèmes préalables de délais, oscillant autour de la juridiction *ad hoc* à saisir, comme tout justiciable ordinaire le ferait. En cas de non-respect de ces différentes prescriptions, il ne sera pas à l'abri des surprises désagréables.

L'éventualité de la rencontre entre les règles de droit sportif issues de l'État et la *lex sportiva* internationale soulève inéluctablement le problème de la conciliation des normes en présence. Puisque l'applicabilité en matière de *lex sportiva* internationale n'est pas directe, il faut avoir des techniques de substitution à l'applicabilité directe. Il faut dire que c'est le juge qui est au cœur de cette interaction normative parce qu'il reçoit inéluctablement les normes des ordres privés, il est donc le passeur entre les deux ordres, son rôle est déterminant dans la qualité de la collaboration ou du dialogue normatif entre ceux-ci. Puisque nous sommes dans le régime de l'opportunité et non de la légalité des poursuites, autant que le sportif prenne l'option de saisir le juge étatique, son action pourra prospérer devant ladite juridiction. Luc Silance remarque qu'un tel juge devra alors choisir *« entre une disposition de cet ordre fédéral et une disposition de l'ordre juridique national ou transnational du juge ou si au sein de cet ordre juridique fédéral un de ses membres refuse de se soumettre à une de ses dispositions »*[235].

Il est question de voir comment le juge camerounais se comporte quand il est en face de cette *lex sportiva internationale* aujourd'hui. Mieux c'est un état des lieux auxquels nous sommes conviés, car le juge étatique parce qu'il est aussi citoyen camerounais entretenant des relations basées sur le lien socioanthropologique, perpétue par son comportement vis-à-vis de cet ordre des relations complexes. Il a la responsabilité de mettre de l'ordre à travers son pouvoir d'interprétation pour harmoniser et créer un dialogue entre les deux ordres sportifs. En fait, le comportement des pratiquants qui vont supposer dans certains cas que la règle sportive en question ou l'ordre sportif dans sa totalité est déterminant. Le rôle du juge de l'État dans la liberté d'invocabilité est décisif, car le mouvement sportif a aussi ses « juges »[236].

Le juge étatique généralement doit contrôler la légalité et le respect de l'éthique sportive par la *lex sportiva internationale*, mais quand le juge étatique camerounais est saisi par celle-ci, il s'intéresse au contrôle de forme au détriment du fond ce qui entraine qu'il n'use pas de toutes les dimensions de sa faculté d'interprétation. En effet, le juge saisi de l'application de la *lex sportiva internationale* doit examiner en la forme et sur le fond. On constate à regret qu'au Cameroun cette saisine du juge s'achève quasi systématiquement par les exceptions de recevabilité (délais, domaine de compétence). Pour finir sur cette question de la nature du juge étatique à saisir, il faut aussi affirmer que la majorité des fédérations sportives nationales participent à

---

235 L. Silance, « Les sports et le droit », De Boeck Université, 1998, p. 86.

236 J.-P. Karaquillo, *Le droit du sport*, op. cit., p. 80. Les Commissions disciplinaires ou d'homologation.

l'exécution d'une mission de service public[237]. Il faut chercher à savoir si l'acte querellé de ces fédérations relève de cette délégation ou pas, pour être ou ne pas être qualifié d'acte administratif[238]. Car les fédérations exécutent les missions à elles confiées par la délégation de pouvoirs et des obligations privées liées[239]à leur appartenance au mouvement sportif international. La question suivante est de savoir quels seraient ces droits que le mouvement sportif est inapte à protéger requérant l'indispensable pénétration[240] du sport par les règles étatiques à travers son juge ?

Actuellement, le juge camerounais utilise les sanctions d'irrecevabilité et des exceptions d'incompétence (I), ce qui a pour effet l'abandon de certaines prérogatives (II) que ce dernier pouvait exciper.

I. Les sanctions d'irrecevabilité et l'exception de compétence du juge camerounais et ses conséquences

Il nous faudra d'abord comprendre pourquoi l'irrecevabilité (A) est la règle et la compétence du juge l'exception (B) dans le contentieux sportif au Cameroun.

I.1. L'irrecevabilité du Contentieux sportif devant le juge camerounais

Les Fédérations sportives nationales édictent en principe leurs réglementations autant qu'elles soient

[237] P. Fanachi, « Sport et juridiction administrative » Bournazel (E.) (sous la Dir), *Sport et Droit,* Bruylant, Bruxelles, 2000, pp. 643-657.

[238] H. Daoud, « Le contrôle administratif sur les établissements sportifs » Bournazel (E) (sous la Dir), *Sport et Droit, Bruylant*, Bruxelles, 2000, pp. 659-688.

[239] H. Daoud, Ibid., p. 671.

[240] M Gros et P-Y Verkindt, « L'autonomie du droit du sport », *AJDA,* 1985, p. 699.

conformes aux statuts des FSI correspondantes et aux lois ou règlements en vigueur dans le pays[241]. Dans la continuité de ces règlements, il est créé au sein des fédérations, des organes chargés de trancher les litiges ou de se prononcer à la suite d'infractions disciplinaires. En droit comparé par exemple, la jurisprudence du Conseil d'État à défaut de volonté du législateur, ne leur reconnaît pas en ce sens un caractère juridictionnel[242]. Mais il est des cas où de telles instances soumises à des règles d'organisation et de procédures s'apparentent à des juridictions devant lesquelles les intéressés viennent débattre de l'application des règles fédérales et desquelles ils attendent un jugement[243].

La norme sportive se révèle parfois insusceptible d'octroyer une protection efficace des libertés de ses acteurs et intervenants ; sa mise en œuvre augure souvent des situations iniques. Il faut que le juge camerounais intervienne pour garantir la protection de certains droits que le mouvement sportif s'avère inapte à protéger. Cette intervention ne se fera qu'après que le justiciable a résolu l'épineuse question du choix du juge camerounais compétent en matière sportive, afin de ne pas voir sa demande être déclarée *« irrecevable »*.

À ce niveau, il faut dire que les sanctions prévues en vue de veiller au respect du caractère d'ordre public des délais en droit camerounais sont au sujet des recours précoces *« l'irrecevabilité »* et la forclusion envers le recours *« périmé »*. L'irrecevabilité est la sanction légale à l'encontre d'une violation des dispositions légales prescrivant une modalité formelle de jouissance d'un droit.

---

[241] Article 45 de la loi de 2011 au Cameroun.

[242] Voir arrêt Hechter, CE, *L'activité sportive dans la balance de la justice*, Dalloz, 1985, p. 19 et s.

[243] J.-P. Karaquillo, *Le droit du sport*, 2e édition, Dalloz, op. cit., p. 79.

Elle induit pour le juge le rejet de la demande du justiciable en la forme sans que l'examen du fond ait été effectué. Convenons avec Olivier Fandjip[244] qu'en droit camerounais, l'irrecevabilité découle de l'analyse des textes. En d'autres termes au Cameroun, la prescription expresse de l'irrecevabilité n'apparaît qu'en ce qui concerne les recours collectifs ; elle a été prévue par la loi de 1975 et reprise par celle de 2006[245]. L'irrecevabilité retenue comme sanction est une résultante de l'analyse des textes, notamment l'article 17 alinéa 1 de la loi de 2006. En effet, la loi prévoit que le recours n'est recevable qu'après rejet d'un recours gracieux. Ce qui suppose qu'à *contrario*, si le recours gracieux n'a pas encore connu d'issue, l'irrecevabilité s'en suivra[246]. L'urgence et le temps sont des données dont la pertinence est encore dans l'ordre perceptif chez le juge camerounais[247]. Pour l'illustrer, revenons brièvement sur l'affaire sportive devant le juge étatique au Cameroun, *l'Affaire Aigle royal de Dschang « El pacha » c/ État du Cameroun et ministère de la Jeunesse et des Sports* [248]du 25 mai 1989. Rappelons qu'en l'espèce, la Chambre administrative de la Cour Suprême a jugé que la requête introduite le 16 décembre 1987 est irrecevable, parce que prématurée. En fait, elle était introduite dans les deux mois suivant la publication de l'acte attaqué. Ledit acte ayant été pris en date du 22 novembre 1987, et les délais concernant

---

244 O. Fandjip, *Les juridictions administratives et le temps : cas du Cameroun et du Gabon*, Mémoire de DEA en droit, FSJP, Université de Dschang, 2009.
245 O. Fandjip, Les juridictions administratives et le temps, ibid, p. 45.
246 O. Fandjip, Ibid, p. 44.
247 B.-R. Guimdo Dongmo, *Le juge administratif camerounais et l'urgence : Recherche sur la place de l'urgence dans le contentieux administratif camerounais*, Thèse de Doctorat en Droit Public, Université de Yaoundé II, 2004, 610 p.
248 CS-CA, jugement n°48/88-89 du 25 mai 1989.

l'introduction d'un recours (gracieux ou contentieux) ainsi que ceux augurant l'introduction d'une voie de recours sont d'ordres publics. Les réactions du juge camerounais vis-à-vis du contentieux sportif sont en tout point contrastées.

Récapitulons dans ce croquis les grandes tendances de ses postures quand il est saisi d'une cause d'origine sportive.

Schéma 7 : Réponse du juge de l'État camerounais au contentieux sportif

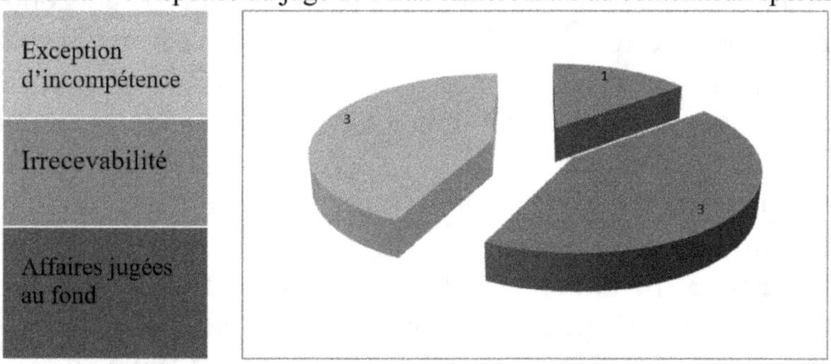

Source : l'auteur

I.2. L'exception de compétence du juge camerounais dans le contentieux sportif.

Le juge camerounais dans les sept affaires répertoriées de manière non exhaustive a jugé trois affaires au fond[249]. Dans les deux affaires où le juge s'est aventuré sur le fond, on constate que si pour l'affaire du CSSM les arguments sont recevables. Par contre, dans *l'affaire Bamboutos*, les prétentions du juge sont critiquables. Il va se déclarer incompétent dans trois affaires (Dutchou, Tkc, Dynamo) et déclarer une affaire irrecevable (Aigle).

Le juge camerounais a une position ambigüe dans son rapport au contentieux sportif. Avec *l'affaire Aigle Royal*

---

[249] Dont une concernait une plainte de l'État que nous allons exclure dans notre analyse.

FC, nous avions cru déceler qu'il l'assimilait à un contentieux administratif, mais il s'est dédit en 1992 avec l'affaire Dutchou, le ramenant dans le contentieux civil. Cela amène à s'interroger parce que la loi de 2011 au Cameroun parle de mission de service public des fédérations nationales qui ont reçu une délégation de service public. Mais comment expliquer que des associations, fussent-elles sportives, reçoivent des prérogatives de puissance publique à travers lesdites délégations et leurs contentieux relèvent du droit et de la procédure privée ? La position du juge camerounais n'est pas tenable. Est-ce qu'une fédération nationale peut fonctionner sans agrément ? Quelle est la nature juridique de l'agrément ? Si c'est un acte de l'État reconnaissant à une entité la prérogative d'exercice d'une portion du service public contribuant ainsi à la réalisation de l'intérêt général, comment expliquer alors qu'on n'est qu'en présence des associations privées comme le juge camerounais l'a déclaré dans *l'affaire Dutchou* en 1992 ? Bien plus, l'article 53 de la loi de 2011 au Cameroun prévoit plutôt la saisine du TAS après l'instauration du principe de l'épuisement des voies de recours fédéraux.

La position du droit français est claire dans la décision Hechter, il faut saisir le juge administratif. En matière sportive, le juge camerounais nous laisse baigner dans un océan d'ordres normatifs possibles ; ce qui complique assurément la tâche du justiciable. Il nous importe à présent de savoir de manière virtuelle quelle aurait été l'étendue du contrôle du juge qui s'était montré plus offensif et moins défensif à la limite timide vis-à-vis du contentieux sportif. Ce comportement particulier du juge a pour conséquence d'installer le contrôle de légalité et de l'éthique sportive dans une réalité virtuelle. Car les différents contrôles possibles que le juge camerounais pouvait effectuer sur les faits, le contenu de la norme sportive et le contrôle de l'application de la norme restent illusoires.

Il faut clairement voir comment le juge étatique ou communautaire se comporte ailleurs, pour comprendre que le juge camerounais n'effectue ni le *contrôle du contenu des normes du régime juridique associatif*, encore moins celui *des faits judiciaires* et n'en parlons plus *du contrôle de l'application de la règle qui détermine la décision associative.* Le juge camerounais n'insiste pas vraiment pour connaitre la cuisine juridique interne des fédérations nationales de sport. Cela n'est pas le cas de ses confrères européens qui, selon les termes d'Alain Pellet, préfacier de Franck Latty, « *si le droit transnational sportif est «en liberté toujours surveillée par l'ordre juridique étatique », le pouvoir sportif n'en dispose pas moins de moyens multiples et efficaces d'échapper aux intrusions des pouvoirs publics nationaux ou à l'emprise, fort « diluée », du droit international public avec lequel les relations de la lex sportiva sont en partie complémentaires et relativement « sereines ». Alors que le premier ne peut opposer que « quelques digues rudimentaires» à la volonté d'autonomie de la seconde, cet endiguement est autrement plus puissant lorsqu'il émane du droit communautaire, alors même que la logique économique qui imprègne ce dernier pourrait sembler étrangère à l'encadrement des activités sportives, supposées désintéressées et « hors commerce »*[250].

Le recours au droit commun des pratiquants revêt un intérêt certain, surtout pour les membres du mouvement sportif en quête de reconnaissance d'une liberté individuelle dont le juge étatique est garant. Le juge de l'État apporte une certaine sécurité juridique dans la préservation des droits essentiels, l'analyse des modalités

---

[250] F. Latty, *La lex sportiva – Recherche sur le droit transnational*, Préface du Professeur Alain Pellet, op. cit., p. xi.

de son action ne manque pas d'intérêt par le fait qu'elle laisse entrevoir la difficulté.

Analyser ce que fait le juge dans l'applicabilité ou la gestion du contentieux sportif nous confère des sentiments mitigés et contrastés entre la densité normative impressionnante de l'État du Cameroun en matière de sport et la timidité de son juge national à protéger cette production normative sportive féconde de l'État camerounais. On se pose des questions sur le comportement pratique du juge camerounais qu'on voudrait comprendre. En effet, qu'est-ce qui justifie la mise en veille de la faculté d'interprétation du juge camerounais ? Ne peut-il pas mettre ces différents systèmes en ordre ?

II. L'abandon de certaines prérogatives par le juge camerounais en matière sportive

Les pesanteurs administratives (A) et les blocages des clauses compromissoires (B) limitent l'action du juge camerounais.

II.1. Les pesanteurs administratives sur l'action du juge camerounais

Dans cette posture, il faudra répondre à la question de savoir pourquoi le juge camerounais abandonne une prérogative lui permettant de mettre les systèmes en ordre. On sait que les questions sportives sont spécifiques, parce que le contentieux sportif intéresse des domaines juridiques variés, du droit des contrats au droit administratif, en passant par le droit de la responsabilité.

L'existence du droit spécifique du sport est affirmée, celle-ci s'arc-boute autour des questions rationae temporis : les délais sportifs sont rapides alors que les délais du droit sont longs, ce qui entraine comme conséquence que les membres de la communauté sportive internationale et nationale préfèrent le plus souvent éviter le recours à la justice étatique et se tourner vers la justice alternative. Sans oublier l'existence d'une justice disciplinaire très efficace, mode de résolution des litiges fort apprécié par le monde sportif, à tel point qu'un tribunal arbitral spécialisé (le tribunal arbitral du Sport ou TAS) siège en permanence à Lausanne.

Le recours au TAS doit s'effectuer par le biais de clauses compromissoires dans les contrats ou les règlements. Le développement de ces justices alternatives en matière sportive semble favoriser l'avènement d'un droit spécifique. Mais nous l'avons signalé comme prérequis au *front ispice* de ces développements, l'existence, et même la survie de la *lex sportiva internationale* dépend du juge devant lequel le litige sera porté : la place laissée à la spécificité du droit applicable ne sera pas la même selon qu'une juridiction arbitrale ou étatique sera chargée du dossier (le rôle de changeur).

Le juge camerounais renvoie systématiquement devant les organes sportifs et agite les exceptions de compétence de manière constante. Le croquis des affaires sportives devant les tribunaux étatiques démontre bien que le juge camerounais dans les Affaires Dutchou C/ État du Cameroun, TKC C/ TKC SAOS, Dynamo FC de Douala C/ Fecafoot, a opportunément renvoyé les parties qui excipaient les clauses compromissoires à mieux se pourvoir devant les instances de conciliation et d'arbitrage compétentes. Selon Piermarco Zen-Ruffinen[251], les juges de l'État ne peuvent avoir leur office exercé sur les causes sportives que quand les deux parties membres d'associations sportives sont intimement convaincues que le droit, le temps, et la mise en œuvre de l'État sont

[251] P. Zen-Ruffinen, *Droit du sport*, Schulthen, Zurich, 2002, 564 p.

meilleurs pour leur cause, sinon ils ne saisiront pas le juge de l'État.

L'autre raison du renvoi des juges est ce que nous appellerons la puissance *psychologique de la justice sportive sur la justice étatique en Afrique.* Cela signifie que comme au Cameroun la séparation des pouvoirs est plus d'ordre théorique que pratique, les pouvoirs comme les médias[252], le judiciaire et le législatif se confondent au pouvoir politique incarné par l'exécutif.

Au niveau législatif, la *lex sportiva* étatique au Cameroun est davantage d'origine réglementaire que législative. Quand le pouvoir judiciaire observe le pouvoir exécutif plier devant les assauts de ces nouveaux acteurs[253], il doute de la force de son action. C'est pour cela que présenter les exemples de conflits institutionnels et le résultat très souvent en la faveur des institutions sportives internationales permet d'expliquer la réserve défensive des juges camerounais.

Pour présenter ces conflits entre les normes sportives de l'État du Cameroun et les normes sportives internationales, nous prendrons la gestion de la Fecafoot comme illustration, et nous partirons des figures casuistiques dans les conflits ayant opposé la FIFA et l'État du Cameroun.

---

[252] L. C. Boyomo Assala, « État, nation, et médias à l'ère du pluralisme médiatique. Défense de l'identité nationale par la guerre et sa couverture médiatique plurielle : cas de l'affaire 'bakassi' », D. Simo (sous la Dir), *Constructions identitaires en Afrique,* CLE, Yaoundé, 2006, pp. 134-172.

[253] A. Colonomos, « L'acteur en réseau à l'épreuve de l'internationalité » in M.-C. Smouts (sous la Dir), *Les nouvelles relations internationales. Pratiques et théories*, FNSP, Paris, 1998, pp. 203-219.

Le premier cas, c'est le 17 février 1993, le président de la Fecafoot élu pour la première fois conformément à l'article 6 alinéa 2 des statuts de la FIFA s'est vu destitué le 10 octobre 1993 par le ministre de la Jeunesse et des Sports, créant un malaise entre les instances de la fédération soutenue par la FIFA et le Ministère. Cela a entraîné la création de deux comités : le comité technique d'organisation (CTO) et le haut comité de suivi (HCS) par le décret n°93/323 du 26 novembre 1993 qui étaient gérés soit par le Premier ministre, soit par la Présidence de la République[254]. Devant cette violation patente de ses textes, la FIFA a réagi quand le ministre des Sports a voulu s'assurer de la vente des billets et le contrôle des recettes du match Cameroun –Zimbabwe le 10 octobre 1993 sous la férule du directeur des stades à l'occasion. La FIFA a saisi le bureau exécutif de la Fecafoot par une correspondance en ces termes « *La Fecafoot est la seule responsable devant la FIFA dans l'organisation technique, administrative et financière des compétitions internationales* ». Elle a aussi adressé une télécopie à la Fecafoot où elle entérinait l'élection du nouveau président faisant suite à l'obstination des pouvoirs publics à maintenir leur décision. Dans un deuxième message de la FIFA daté du 3 mai 1994 adressé à la Fédération et au ministère des Sports, on peut lire « … *si les interférences gouvernementales dans les activités de la fédération persistent, la FIFA sera contrainte de suspendre cette association nationale…* »[255].

Le deuxième cas de figure du conflit concerne la gestion de la Fecafoot. Le 16 octobre 1998, le Secrétaire général de la FIFA Michel Zen-Ruffinen adresse une correspondance au secrétaire général de la Présidence de la République du

---

254 F.-C. Dikoume et P. Kosyakbe, op.cit. , p. 199.
255 F.-C. Dikoume et P. Kosyakbe, Ibid, p. 199.

Cameroun annonçant la dissolution des organes dirigeants de la Fecafoot et la création d'une cellule exécutive provisoire (CEP) pour neuf mois maximum dont la FIFA nomme huit membres. Il est demandé que le destinataire de la lettre nomme quatre membres afin d'atteindre douze membres. Face au blocage, le président de la FIFA Joseph Sepp Blatter écrit le 6 novembre 1998 au ministre des Sports camerounais en ces termes « *...la FIFA ne peut conclure un accord avec les autorités gouvernementales au sujet de la gestion d'une de ses associations nationales affiliées. Une telle gestion ne peut se faire qu'au sein de la famille du football dans le cadre des dispositions statutaires existantes...* »[256]. Il a fallu passer par une rencontre non concluante entre le ministre des Sports du Cameroun et le président de la FIFA le 23 novembre 1998 et le 21 décembre, le secrétaire général de la FIFA demande au comité d'urgence de la FIFA d'approuver la suspension de la Fecafoot à partir du 23 décembre 1998 pour une période indéterminée. Le 30 décembre le ministre des Sports écrit au président de la FIFA et communique les quatre noms des représentants de la société civile devant siéger auprès des huit membres nommés par la FIFA à la CEP.

Au demeurant, nous constatons qu'il y'a une véritable opposition entre les dispositions de la FIFA sur le mode d'élection ou la gestion de l'association nationale et la posture du ministère chargé des sports qui conformément aux textes organisent et gèrent directement le football. L'attitude des différents ministres chargés des sports n'est pas surprenante, ils ont des compétences *intuitu personae* confortées par les normes sportives nationales de l'État du Cameroun ; l'on ne devrait donc pas s'étonner quand ils en font usage, les textes leur donnent le pouvoir d'intervenir et de gérer directement. Enfin, on relève très souvent au

[256] F.-C. Dikoume et P. Kosyakbe, Ibid, p. 200.

plus fort des crises entre la Fecafoot et le ministère chargé des sports au Cameroun l'argumentaire venant de ce dernier, menaçant la Fecafoot de « *retrait d'agrément* », traitant la Fecafoot comme « *un État dans un État* »[257]. Ces déclarations sont parfois angoissantes pour les Camerounais ayant un investissement affectif pour le football, leur faisant craindre le point de rupture, une situation d'absence du football.

Qu'en est-il vraiment ? Jean-Pierre Karaquillo apporte une réponse qui appelle à beaucoup de pondération au sujet du véritable rapport de force entre les fédérations nationales et les ministères des Sports, il s'interroge « *allons plus loin, en forçant l'hypothèse : quel sera l'intérêt d'une délégation accordée, par l'État, à une fédération nationale non reconnue par sa fédération internationale ou, à l'inverse, d'un retrait de délégation à une fédération à qui la fédération internationale maintiendrait sa confiance ? Comment concevoir qu'une fédération nationale délégataire non affiliée à la fédération internationale correspondante puisse organiser une compétition internationale ?* »[258]. Pour l'auteur, il faut être lucide, « *il n'est d'ailleurs pas exceptionnel que les communautés sportives les plus lucides et les plus réfléchies agissent après concertation avec les autorités publiques* »[259]. Il semble à la suite de Jean-Pierre Karaquillo que la lucidité doit être partagée entre les deux parties au Cameroun, car elles sont interdépendantes. L'État du Cameroun doit admettre ce principe et cesser de s'ingérer conformément aux dispositions statutaires de la

---

[257] C. B. N. Mbella Ngom, ibid, p. 41 : « *Le Minjes* (ministre de la Jeunesse et des Sports) *a déclaré dans son allocution que' la Fecafoot doit cesser de se comporter comme un État dans l'État indépendant et souverain du Cameroun* ».

[258] J.-P. Karaquillo, *Le droit du sport*, op. cit., p 24.

[259] J.-P. Karaquillo, ibid., p. 50.

FIFA dans le fonctionnement, la gestion du football et de la Fecafoot.

Mais quel rôle l'État camerounais devrait-il jouer dans ce mouvement sportif camerounais ? La réalité des dispositions textuelles permet-elle à l'État du Cameroun d'être un acteur moins prégnant ? En octobre 2008 suite à l'instruction ministérielle du MINSEP recommandant à toutes les fédérations nationales de tenir leur assemblée générale élective avant le 31 décembre 2008, la Fecafoot n'a pas suivi et peu importe l'attitude ambigüe des parties[260], on est arrivé à ce qu'on a appelé *« l'union sacrée »*[261]. Dans le même ordre d'idée, le MINSEP a suspendu les activités de dix-sept fédérations sportives le 22 février 2013 pour non-fonctionnalité ou l'inexistence des ligues régionales des sports civils desdites fédérations[262].

Il est urgent de décrypter les voies de coexistence fructueuse entre les deux ordres juridiques en gardant à l'esprit que le comportement de l'État camerounais reflète celui de la majorité des pays d'Afrique subsaharienne. L'inféodation du pouvoir judiciaire au pouvoir exécutif au Cameroun, le fait que le système de l'opportunité des poursuites ne se limite plus seulement au niveau pénal, mais a contaminé tous les secteurs de la justice a pour conséquence de rendre la justice spectateur du jeu de l'État. Bien plus, quand l'État est fragilisé par des forces extérieures qui ne cherchent sûrement pas à dominer le monde comme l'écrit Pierre Lanares[263], mais qui manient

---

[260] P. Nkou Mvondo, *Le football camerounais en péril*, *Presse universitaire du plateau*, 2009, p 198 et s.

[261] P. Nkou Mvondo, Ibid, p. 201.

[262] Communiqué Radio Presse du 21 février 2013 disponible sur www.minsep.cm.

[263] P. Lanares, *Qui dominera le monde*, Vie et santé, 6e édition, 1982, 578p.

bien ce qu'Alain Pellet appelle dans sa préface du livre de Franck Latty « *les digues* ».

Au Cameroun, en matière pénale, les pratiques judiciaires,[264] même dans un système d'opportunité des poursuites, sont maculées de la prégnance de l'exécutif. Le respect des droits de l'homme[265] professé par le code de procédure pénale[266] est fonction de la dimension pratique qu'en donnent les exécutants[267] sur le terrain. Si pendant les audiences[268] la garantie d'impartialité du juge[269] est professée par les dispositions pertinentes du code de procédure, il n'en demeure pas moins que la faculté de décision du juge, son âme et sa conscience gardent présent à l'esprit l'impact de ses décisions sur l'exécutif qui garde le pouvoir de nomination.

Si les institutions sportives internationales sont conscientes de ne pas avoir le pouvoir de l'État (territoire et souveraineté), elles développent une série de mécanismes d'autonomisation qui font qu'elles maintiennent l'écart entre « *phagocytassions* », hiérarchie, et surtout en partenariat avec les États. Mais cela n'est pas

---

[264] Eyike Vieux, *Code d'instruction criminelle et pratique judiciaire* camerounaise, Presses universitaires d'Afrique, 1999, 473p.

[265] E. E. Nana, *Droit de l'homme et justice : le délai de procédure pénale au Cameroun*, L'Harmattan, 2010, 174p.

[266] Assemblée nationale du Cameroun, *Code de procédure pénale,* imprimerie nationale, Yaoundé, 541p.

[267] S. P. Eteme Eteme, *Droits de l'homme et police judiciaire au Cameroun. La protection du suspect dans le code de procédure pénale,* L'Harmattan Cameroun, 2009, 243p.

[268] Eyike Vieux, *l'audience en procédure pénale camerounaise*, collection Vade-Mecum, Presses universitaires d'Afrique, 2007, 228 p.

[269] C. Engo Assoumou, les garanties de l'impartialité du juge dans le code de procédure pénale, Mémoire de DEA en Droit, Université de Yaoundé II, 2008.

pour insinuer qu'à l'heure du conflit[270], les armes asymétriques ne sont pas utilisées par ces derniers. Le Cameroun est souvent décontenancé par cette « *soft power* »[271] *sui generis* issu de ces organismes sportifs.

D'ailleurs, Alain Pellet constate derechef avec force qu'« *on sent bien que le détective aimerait que ses investigations aboutissent à un constat net d'autonomie, qui confirmerait l'intuition initiale de manière éclatante; et c'est sans doute avec un peu de regret qu'il constate que l'indépendance de la lex sportiva par rapport aux droits étatiques est loin d'être totale - mais aucun ordre juridique, pas même le droit communautaire, sûrement pas le droit international public (et moins encore la lex mercatoria), ne peut se targuer de n'être pas, peu ou prou, dépendant des droits nationaux* »[272].

II.2. Les blocages de la clause compromissoire sur l'action du juge camerounais

Le juge camerounais renvoie systématiquement de notre point de vue à cause de la clause compromissoire et surtout parce que son inféodation au pouvoir exécutif fait que la fragilisation de l'exécutif est contagieuse pour lui. Au-delà du renvoi systématique, le juge soulève souvent les exceptions de compétence dans le contentieux sportif au Cameroun.

L'analyse de la modalité des compétences de l'action du juge de l'État permet de voir comment ce dernier se comporte devant les dispositions de l'ordre juridique

---

270 D. Bigo, « Nouveaux regards sur les conflits » in M.-C. Smouts (sous la Dir), *Les nouvelles relations internationales. Pratiques et théories*, FNSP, Paris, 1998, pp. 309-335.

271 P. Moreau Defarges, *Dictionnaire de géopolitique*, Armand Colin, 2002, 131p.

272 F. Latty, *La lex sportiva – Recherche sur le droit transnational*, op. cit., Préface du Professeur Alain Pellet, p. x.

national ou international relatif au sport. Si le recours au juge s'avère déterminant pour les acteurs, son efficacité dépend indéniablement de l'accueil et l'application qu'il fera des différentes normes sportives[273], mais surtout s'il aura le courage de se déclarer compétent pour utiliser des règles qu'il ne voit pas très souvent.

Dans les affaires Dutchou, TKC SAOS et Dynamo, le juge de l'État s'est déclaré incompétent pour savoir de la cause pour laquelle il était saisi. Quand un tribunal ou un juge déclare son incompétence sur une affaire, dans l'absolu cela peut vouloir signifier qu'il a été mal saisi par les requérants en la forme, ou alors la matière qui lui est présentée ne fait pas l'objet de sa compétence matérielle, territoriale, ou enfin la matière fait l'objet d'une réglementation spéciale qu'une juridiction particulière doit trancher d'abord avant qu'elle ne fasse son office. Les affaires que nous avons développées démontrent que le juge camerounais n'est pas trop enclin à reconnaître sa compétence sur les questions de contentieux sportif, il préfère se déclarer incompétent et demander aux parties de mieux se pourvoir. Les raisons pour lesquelles il adopte cette attitude de réserve et même d'effacement n'ont pas encore fait l'objet d'élucidation, mais il serait envisageable de penser que le comportement du juge est dicté par les dynamiques socioanthropologiques qui encadrent l'exercice de son magistère au Cameroun. C'est pourquoi il sera intéressant dans la suite de cette étude de comprendre les raisons profondes de cette défiance du juge vis-à-vis des affaires relevant du contentieux sportif.

---

273 L. Silance, « Les ordres juridiques dans le sport », op. cit., p. 115.

CONCLUSION

Au terme de cette analyse sur la politique juridique sportive de l'État du Cameroun de 1960 à nos jours, nous nous sommes appuyé sur les modalités d'expression de l'interaction entre *la lex sportiva* nationale camerounaise et la *Lex sportiva internationale (l'existant)*, nous avons constaté qu'il y avait des résistances nationales à l'intégration avec la *lex sportiva internationale* essentiellement dues au comportement de l'État vis-à-vis de la production normative sportive nationale qui est exclusivement réglementaire au Cameroun.

L'État au centre des logiques centrifuges et des dynamiques centripètes agrège les prétentions et les motivations en matière de *lex sportiva* nationale, ce qui entrainera une quasi-interaction dans l'applicabilité. Cela parce que le juge et les tribunaux de l'État censés être des lieux de rencontre, ou des points de contact ne jouent pas leur rôle. *« Il reste que l'autonomie du droit sportif transnational est loin aussi d'être négligeable : malgré l'ardeur mise par certains États - à commencer par la France – à tenter de les soumettre à l'emprise de leur droit interne, les normes transnationales sportives - comme les normes mercatiques - jouent adroitement de la pluralité des souverainetés étatiques »*[274].

L'analyse de l'état des lieux nous a conduit à la description d'un tableau où le désordre normatif est éclatant, avec les passeurs (juges, tribunaux) qui ne jouent

---

[274] F. Latty, *La lex sportiva – Recherche sur le droit transnational*, Préface du Professeur Alain Pellet, op. cit., p. x.

pas leurs rôles pour permettre des passerelles entre les deux systèmes normatifs. L'existant a aussi révélé que toutes les dimensions (communautaire) n'étaient pas envisagées ou alors simplement utilisées par les justiciables camerounais qui baignent dans le culte du respect du « chef ».

Il est important face à ce désordre normatif, tenant aussi compte de la faillite des passeurs (points de contact), d'essayer de donner les clés d'une possible « mise en ordre » de la collaboration entre la *lex sportiva du* Cameroun et la *lex sportiva internationale*. Parce que l'interaction normative est nécessaire, puisque la *lex sportiva internationale* existe et qu'elle est en contact avec l'ordre sportif du Cameroun.

La nécessité ou même l'urgence « d'ordre » dans cette interaction devant la tournure conflictuelle décelée, induit qu'on trouve les éléments permettant que les contacts soient empreints de cohérence. Cela implique de s'intéresser aux points de contact permettant le dialogue entre les deux ordres sportifs et d'user d'instruments permettant « d'ordonner » les différentes dimensions de cette nécessaire interaction normative en Afrique.

Ce besoin d'ordre est requis afin que le dialogue normatif entre la *lex sportiva* du Cameroun avec la *lex sportiva* internationale, en particulier soit structuré. Le rôle des vecteurs et passeurs de cette interaction est important dans le résultat du dialogue normatif (conflictuel ou structuré). Stéphane Doumbe-Billé, dans sa communication devant la Cour de cassation française, constate que « *l'approfondissement de la construction communautaire au niveau sous-régional africain comme au niveau de l'harmonisation du droit des affaires devrait ainsi pousser les juges nationaux à une plus grande audace, car c'est précisément en Afrique que les règles générales sont souvent expérimentées comme le montrent les exemples de la convention de Londres de 1933, de la convention d'Alger de 1968 et récemment de la nouvelle convention africaine de Maputo* »[275], la variable communautaire est un levier important pour aider le juge, dans la réception du droit international classique ou même du droit « international spontané » comme la *lex sportiva* internationale.

Nous retenons finalement que le domaine des compétences des règles sportives autant étatiques qu'internationales est bien défini, mais c'est l'interférence de la *lex sportiva* du Cameroun à travers le contenu de ses dispositions qui entraîne un réflexe de protection des représentants nationaux (affiliés) par l'affirmation autonomiste de la *lex sportiva* internationale. Le Cameroun est aussi ébranlé dans sa situation monopoliste sur la régulation de l'activité physique et sportive, et accepte mal de coopérer avec les institutions sportives internationales. Cette opposition d'intérêt traduit sa manifestation extérieure à travers le dialogue normatif conflictuel avec le Cameroun entre les deux typologies de règles. Cela induit clairement que la situation existante ne peut pas être maintenue, les résistances nationales et réflexes d'arrangement associatif autour de l'État doivent avoir des moyens par lesquels on peut essayer de les minimiser dans cette aire géographique.

Pour avoir un dialogue normatif entre les deux systèmes juridiques, il faut adapter les décisions à l'environnement, puisque dans d'autres zones géographiques (Europe, Amérique du Nord, Amérique latine, Asie) ladite internormativité sportive se pratique de

---

[275] S. Doumbé-Billé, « La mise en œuvre du droit international de l'environnement par le juge national », consultable sur www.courdecassation.fr, consulté le 14/11/2012 à 24 h 30.

manière *« ordonnée »*. Il est donc question dans le prochain mouvement analytique de donner des éléments permettant une structuration de ce dialogue normatif en tenant compte des réalités du Cameroun.

BIBLIOGAPHIE

A- OUVRAGES

Ouvrages généraux sur le Droit

Anyangwe C., *The Cameroonian judicial system*, CEPER, Yaoundé, 1987.

Bentham J., *An introduction to the principles of Morals and Legislation*, Dover publication Inc, 20309, 416p.

Benyekhlef K., *Une possible histoire de la norme. Les normativités émergentes de la mondialisation*, Montréal, Thémis, 2008, 937p.

Bodin J., *Les six livres de la république*, Paris : Fayard, 1986, 607p.

Burgorgue-Larsen L., Dubout E., Maitrat De La Motte A. et Touzet S. (Sous la dir), *Les interactions normatives. Droit de l'Union européenne et droit international*, Pedone, Paris, IREDIES, Cahiers européens, n°2, 2012, 380p.

Carbonnier J., *Droit et passion du droit sous la Vème République*, Flammarion, 1996, 276p.

Carbonnier J., *Flexible Droit, pour une sociologie du droit sans rigueur*, 10e édition, LGDJ, 2001, 493p.

Carbonnier J., *Sociologie juridique*, PUF, 2004, 415p.

Carré de Malberg R., *Contribution à la théorie générale de l'État, Dalloz*, Paris, 2004, 638p.

Carreau D. et Marella F., *Le droit international*, Pedone, Paris, n°1, 11édition, Études internationales, 2012, 734p.

Cornu G. (Sous la dir), *Vocabulaire juridique*, PUF, collection quadrige dico poche, 9e édition, Paris, 2011, 1024p.

De Lacharrière G., *La politique juridique extérieure*, Institut français des relations internationales, col.' Enjeux internationaux', E*conomica*, Paris, 1983, 236p.

Delmas-Marty M., *Le Flou du droit*, PUF, Paris, 2004 , 388p.

Delmas-Marty M., Les forces imaginantes du droit : Tome I, Le Relatif et l'universel, Le Seuil, Paris, 2004, 439p.

Delmas-Marty M., *Les forces imaginantes du droit : Tome II, Le pluralisme ordonné*, Le Seuil, Paris, 2006, 303p.

Delmas-Marty M., *Les forces imaginantes du droit : Tome III, La Refondation des pouvoirs*, Le Seuil, Paris, 2007, 299p.

Delmas-Marty M., *Les forces imaginantes du droit : Tome IV, Vers une communauté de valeurs*, Le Seuil, Paris, 2011, 448p.

Delmas-Marty M., *Pour un droit commun*, Le Seuil, Paris, 1989, 305p.

Delmas-Marty M., *Pour un nouvel imaginaire politique*, Fayard, Paris, 2006 , 156p.

Delmas-Marty M., *Trois défis pour un droit mondial,* Paris, Le Seuil, 1998 , 172p.

Duguit L., *Traité de droit constitutionnel. Théorie générale de l'État*, E. de Broccard, 1928, 888P.

Dupuy R-J, *Le Droit international,* 7 édition, PUF, Paris, 1986 , 127p.

Eba'a G. R., *les grands moments de la justice au Cameroun de 1958 à 2010,* presse de l'UCAC, Yaoundé, 302p.

Eteme Eteme S. P., *Droits de l'homme et police judiciaire au Cameroun. La protection du suspect dans le code de procédure pénale,* L'Harmattan Cameroun, 2009, 243p.

Eyike V., *L'audience en procédure pénale camerounaise*, collection Vade-Mecum, Presses universitaires d'Afrique, 2007, 228p.

Eyike V., *Code d'instruction criminelle et pratique judiciaire camerounaise*, Presses universitaires d'Afrique, 1999, 473p.

Guinchard S., Chainais C. et Ferrand F. (Sous la Dir), *Procédure civile, droit interne et droit de l'Union européenne*, centenaire de l'ouvrage, 30e éd., Dalloz, septembre 2010, 1585p.

Guinchard S., Debard T. et Varinard A., (Sous la Dir), *Institutions juridictionnelles*, 11e éd, Dalloz, 2011, 1159p.

Gurvitch G., *L'Expérience juridique et la philosophie pluraliste du droit,* Pedone, Paris, 1935, 348p.

Gurvitch G., *L'Idée du droit social. Notion et système du droit social. Histoire doctrinale du XVIIe siècle à la fin du XIXe siècle,* Recueil Sirey, Paris, 1932, 710p.

Habermas J., *Droit et démocratie. Entre faits et normes*, traduit de l'allemand par Rainer Rochlitz et Christian Bouchindhomme, Paris, Gallimard, 1997, 554p.

Hegel G. W. F., *Principes de la philosophie du droit*, texte traduit et commenté par Jean François Kervéjan, PUF, Paris, 2003, 500p.

Herrera C. M., La *philosophie du droit de Hans Kelsen. Une introduction*, *Presses universitaires de Laval*, Laval, 2004, 114p.

Herrera C. M., La *théorie juridique et politique chez Hans Kelsen*, *Kime*, *Paris*, 1997, 336p.

Isaac G. et Blanquet M., *Droit communautaire général*, Armand Colin, 8e éd, 2001, 359p.

Kamto M., *Droit de l'environnement en Afrique*, Edicef/Aupelf, Paris, 1996, 416p.

Kelsen H., *Das Problem der Souveranitat und die Theorie des Volkerrechts* University of Mchigan Library, 1920, 336p.

Kelsen H., *Théorie pure du droit*, traduit par Charles Eisenmann, *LGDJ*, Paris, 1962, 496p.

Koskenniemi M. (Sous la Dir), *International Aspects of the European Union*, The Hague, London, Boston, Kluwer Law International, 1998, 342p.

Kouassigan G. A., *Quelle est ma loi ? Tradition et modernisme dans le droit privé de la famille en Afrique noire francophone*, Lyon, Éditions A. Pedone, 1974, 311p.

Melone S., *La parenté et la terre dans la stratégie de développement : expérience camerounaise*, étude critique, klinck-sieck, 1972, 201p.

Minkoa She A., *Droits de l'homme et Droit pénal au Cameroun*, Economica, Paris, 1999, 321p.

Morgenthau H. J., *La réalité des normes, en particulier des normes du droit international,* PUF, Paris, 1934, 251p.

Mourgeon J., *Les Droits de l'Homme,* Paris, puf, *7e* ed, n°1728, 1998, 127p.

Nana E. E., *Droit de l'homme et justice : le délai de procédure pénale au Cameroun*, L'Harmattan, 2010, 174p.

NKouendjin Yotnda M., *Le Cameroun à la recherche de son droit de la famille*, Thèse de Doctorat en Droit, Université de Clermont-Ferrand, 1972 ; Paris, L.G.D.J., Bibliothèque africaine et malgache, 1975, 283p.

Osman F., *les principes généraux de la lex mercatoria. Contribution à l'étude d'un ordre juridique anational*, col 'bibliothèque de droit privé', T 24, LGDJ, Paris, 1992, 515p.

Ost F. et M. van de Kerchove, *De la pyramide au réseau ? Pour une théorie dialectique du droit*, Bruxelles, Publications F.U.S.L., 2002, 608p.

Ost F., *Dire le droit, faire justice*, Bruylant, Bruxelles, 2007, 206p.

Ost F., *Le temps du droit*, O. Jacob, Paris, 1999, 376p.

Pospisil L., *Anthropology of Law: A Comparative Theory*, New York, Harper and Row, 1971, 385p.

Rigaux F. et Fallon M., *Droit international privé,* 3 édition, Larcier, 2005, 1040p.

Romano S., *L'ordre juridique*, collection « Philosophie du droit », vol 15, *Dalloz,* Paris, 1975,174p.

Rouland N., *Aux confins du droit. Anthropologie juridique de la modernité*, Paris, Odile Jacob, 1991, 320p.

Ruzie D., *Droit international public, mémentos Dalloz*, Paris, 18e édition, 2006, 287p.

Scotti-Lam C., *L'applicabilité des traités internationaux relatifs aux droits de l'homme en droit interne*, Bruylant, Bruxelles, 2004, 687p.

Summerer T., *Internationales Sportrecht vor dem staatlichen Richter in der Bundesrepublik Deutschland, Schweiz, USA und England,*VVF, 1990, 213p.

Triepel H, *Droit international et droit interne*, Pedone, Paris, 1920, 448p.

Triepel H.,*Volkerrecht und Landesrecht*, Anton Hain, Leipzig,1899, 452p.

Van de Kerchove M. et Ost F., *Le droit ou les paradoxes du jeu*, PUF, Col. Les voies du droit, 1992, 269p.

Van de Kerchove M. et Ost F., Le *système juridique entre ordre* et *désordre,* PUF, Paris, 1988, 254p.

Vedel G., *Droit administratif,* Paris, PUF, coll. « Thémis », 1958, 668p.

Von Liszt F., *Das Volkerrecht*, springer, Berlin, 1920, 561p.

Weber M., *Wirtschaft und Gesellschaft. Die Wirtschaft und die gesellschaftlichen Ordnungen. Nachlaß* , Mohr Siebeck Gmbh & Co. K. Lörrach, 2005, 288p.

Zimmermann R., *La coopération internationale en matière pénale*, Bruylant, 3e édition, 2009, 848p.

Ouvrages en relations internationales et géopolitique

Amin S. (sous la dir.), *Mondialisation et accumulation, harmattan*, Paris, 1993, 370p.

Badie B. et Smouts M.-C., *Le retournement du monde. Sociologie de la scène internationale*, Paris, Dalloz, 1992, 238p.

Badie B., *L'impuissance de la puissance : Essai sur les nouvelles relations internationales*, Paris, Fayard, 2004, 293p.

Battistella D., *Théories des relations internationales,* 2e édition revue et augmentée, *Presses de la Fondation Nationale de Sciences Politiques*, Paris, 2006, 583p.

Carreau D. et Marrella F., *Droit international*, 11e édition, n°1, Pedone, Paris, 2012, 734p.

Chauprade A., *Introduction à l'analyse géopolitique*, Ellipse, Paris, 1999, 291p.

Colard D., *Les relations internationales de 1945 à nos jours, 8édition, Armand Colin*, Paris, 1999, 425p.

De Sousa Santos B., *Toward a New Common Sense - Law, Science and Politics in the Paradigmatic Transition*, New York-London, Routledge, After the Law Series, 1995, 614p.

Deutsch K., *The analysis of international relations*, 3 édition, *Englewood cliffs*, Prentice Hall, 1988(la première édition en 1968), 214p.

Fukuyama F., *La Fin de l'histoire et le Dernier Homme*, collection Champs, Flammarion, 1992, 448p.

Keohane R. et Nye J., *Power and interdependence. World politics in transition*, little brown, 1977, 273p.

Keohane R. et Nye J., *Transnational relations and world politics*, Harward University Press, 1972, 428p.

Kindelberger C., *the world in depression 1929-1939*, Berkeley, California University Press, 1973, 336p.

Lanares P., *Qui dominera le monde*, Vie et santé, 6e édition, 1982, 578p.

Mbembé A., *Naissance du maquis dans le sud du Cameroun : 1920-1960, histoire des usages de la raison en colonie*, Karthala, Paris, 1996, 438p.

Mitrany D., *A working Peace System*, Chicago, *Quadrangle Books*, 1966 (Première édition en 1944), 221p.

Moreau Defarges P., *Dictionnaire de géopolitique*, Armand Colin, 2002, 131p.

Moreau-Defarges P., *La communauté internationale*, Paris, Puf, 2000, 124p.

Kengne Fodouop, *Le Cameroun : Autopsie d'une exception plurielle en Afrique*, L'Harmattan, collection études africaines, 2010, 378p.

Owona A., *La naissance du Cameroun, 1884-1914,* L'Harmattan, Paris, 1996, 229p.

Ramonet I., *Géopolitique du chaos*, Gallimard, Collection folio, Paris, 1999, 297p.

Renouvin P. et Duroselle J-B, *Introduction à l'histoire des relations internationales*, *Armand Colin*, Paris, 1991,536P.

Rosenau J., *Linkage Politics. Essays on the convergence of national and international systems*, New York, *The free press*, 1969, 352p.

Rosenau J., Turbulence *in world politics. A theory of change and continuity, Princeton University Press*, 1990, 504p.

Strange S., *The Retreat of the State : The diffusion of Power in World Economy*, Cambridge University press, Cambridge, 1996.

Wright Q., *The study of international relations*, New York, Appleton, 1955, 642p.

Zaki Laïdi, *Enquête sur la Banque Mondiale,* Fayard, Paris, 1989, 354p.

Zaki Laïdi, *La norme sans la force. L'énigme de la puissance européenne,* Presses de Science politique, 2e édition, 2008, 268p.

Zaki Laïdi, *Un monde privé de sens,* Paris, Fayard, 1994, 333p.

Ziegler J., *La haine de l'occident*, Albin Michel, 2008, 299p.

Zaki Laïdi (sous la Dir), *L'ordre mondial relâché. Sens et puissance après la guerre froide*, 2e édition, Presses de Sciences Po, 1993, 263p.

Zaki Laïdi, *La tyrannie de l'urgence,* Fiola, Montréal, 1999, 45p.

Zaki Laïdi, *Le temps mondial*, complexe, 1997, 313p.

Ouvrages sur le sport

Andreff W., Bourg J.-F., Halba B. et Nys J-F., *Les enjeux économiques du sport en Europe : Financement et impact économique*, *Revue juridique et économique du Sport*, n° 12, 1995.

Archer R. et Bouillon A., *Le sport et l'apartheid*, *L'albatros,* Paris, 1981, 320p.

Belayachi N., *Style et identité du football africain : conceptions de jeu, style de jeu, méthode*, L'Harmattan, 1989, 152p.

Blanpain R., Le *statut du sportif : En droit international, droit européen, droit belge fédéral et communautaire,* Préface de Luc Misson, Larcier, Première édition, 2004, 336p.

Boniface P., *Football et Mondialisation*, Armand Colin, Paris, 2006, 173p.

Boniface P., *La terre est ronde comme un Ballon : Géopolitique du Football, Seuil*, Paris, 2002, 202p.

Brohm J.-M., *Sociologie politique du Sport, PUN*, Nancy, 1992, 398p.

Collomb P. (sous dir), *Sport, droit et relations internationales, Economica*, Paris, 1988, 302p.

Darby P., *Africa, football and FIFA: politics, colonialism and resistance*, London, Frank Cass, 2002, 236p.

Dikoume F., *Le service public du sport en Afrique : L'exemple du Cameroun, Dalloz,* Paris, 1989, 298p.

Dikoume F.C., *Le service public du sport en Afrique : L'exemple du Cameroun, Harmattan,* 2e édition revue et augmentée, Paris, 2012 , 278p.

Elias N. et Dunning E., *Sport et civilisation. La violence maîtrisée, Fayard, Paris,* 1994, 392p.

Fatés Y., *Sport et Tiers-monde, Paris*, PUF, 1994, 215p.

Feze A. C., *Les aspects juridiques du sport au Cameroun. Sport et droit au Cameroun*, Éditions universitaires européennes, 2011, 144p.

Gatsi J., *Le droit du sport, PUF*, Paris, 2000, 127p.

Hourcade M., *Le sport-system*, Paris, Syros, 1986, 214p.

Karaquillo J.P., *Le droit du sport, Dalloz-Sirey*, 2e édition, Paris, 1997, 117p.

Karaquillo J-P . et Alaphilippe F., *L'activité sportive dans les balances de la justice*, *Dalloz,* Paris, Volume II, 1985, 434p.

Karaquillo J-P. et Alaphilippe F., *Le dictionnaire juridique du Sport, Dalloz,* Paris, 2000, 380p.

Kummer M., *Spielregel und rechtsregel, stämpfi*, Berne, 1973, 85p.

Lapouble C., *Droit du sport,* Ellipses, Paris, 2006, 293p.

Latty F., *La lex sportiva – Recherche sur le droit transnational, Leiden/Boston, Martinus Nijhoff Publishers, 2007,* 849p.

Nkou Mvondo P., *Le football camerounais en péril*, *Presse universitaire du plateau*, 2009, 332p.

Ohl F. (Sous la Dir), *Sociologie du sport : perspectives internationales et mondialisation,* Paris, PUF, 2006, 179p.

Poli R., *Le football et identité les sentiments d'appartenance en question*, *CIES*, Neuchâtel, 2005, 138p.

Rigozzi A., *Arbitrage international en matière de sport*, Helbing & Lichtenhahn, 2005, 880p.

Siekman R.C.R.et Janwillem Soek (sous la Dir), *Lex sportiva : What is sports law?,* T.M.C. asser Press, 2012, 410p.

Simon G., *Puissance sportive et ordre juridique étatique Contribution à l'étude des relations entre la puissance publique et les institutions privées, LGDJ*, Paris, 1990, 429p.

Summerer T., *Internationales Sportrecht vor dem staatlichen Richter in der Bundesrepublik Deutschland, Schweiz, USA und England*, VVF,1990, 213p.

Wise A. N. et Meyer B.S., *international sports law and business*, vol 1, Kluwer law international, Boston, 1997.

Zen-Ruffinen P., *Droit du sport*, Schulthen, Zurich, 2002, 564p.

Zen-Ruffinen P., *Droit et sport : sponsoring, responsabilité, justice sportives, arrêt Bosman, installations sportives*, Neuchâtel, CIES, 1996, 371p.

Ouvrages sur le sport au Cameroun

Abolo Biwole C.E., *Libre propos sur le sport au Cameroun*, Sopecam, Yaoundé, 1979.

Ateba Eyene C., *Le mouvement sportif camerounais pris en otage par des braconniers*, Saint Paul, Yaoundé, 2011, 290p.

Ateba Yene T., *Les dessous scandaleux du football au Cameroun, 1934-1989*, Imprimerie nationale, Yaoundé, 1990, 219p.

Baba-Moussa A.R, *Éducation et développement au Bénin le rôle des dispositifs d'éducation non formelle : le cas des associations de jeunesse*, Lille, Presses universitaires du Septentrion, 2000.

Bell J.-A., *Vue de ma cage*, Shabel, Yaoundé, 2011, 319p.

Betsi A. G., *Histoire controversée des fédérations de football au Cameroun, de l'arbitraire à l'esprit cupide ,1943-2000,* Nna Maria, Yaoundé, 2010, 228p.

Deville-Danthu B., *Le sport en noir et blanc, du sport colonial au sport africain dans les anciens territoires français de l'Afrique occidentale,* Paris, L'Harmattan, 1997, 544p.

Ganga J. C., *Combats pour un sport africain,* Paris, *L'Harmattan*, 1979, 271p.

Kalkaba Malboum H. (Sous la Dir), *Connaissances de l'olympisme*, Cnosc, 2006, 124p.

Melik-Chakhnazarov A., *Le sport en Afrique, Présence africaine,* Paris, 1970, 206p.

Mve Elemva E., *Le livre blanc du football camerounais*, *Le matin*, Yaoundé, 1998,172p.

Nang J. L., *Desperate football house: six mois dans l'enfer de la Fecafoot*, Interpress, Yaoundé, 2009, 426p.

Ndongo Minsoko S.P., *Le livre d'or du sport camerounais : les enjeux régionaux et mondiaux à caractère olympique*, cnosc, 2006, 254p.

Ngouo B., *Terrain miné football la foire aux illusions*, *Michel Lafont*, Paris, 2005, 244p.

Nguini C., *Le footoir camerounais*, Capel, Yaoundé, 1996, 233P.

Ntonfo A., *football et politique du football au Cameroun*, édition du Crac, Yaoundé, 1994, 242p.

Tado O., *Football, religion et politique en Afrique : Sociologie du football africain,* L'Harmattan, Paris, 2010, 184p.

Tado O., *Le sport camerounais malade de sa gestion, programme pour une refondation*, Terroirs, Yaoundé, 2009, 109p.

Tagne J. B., *Programmer pour échouer*, Shabel, Yaoundé, 2010, 202p.

Tsanga S., *Le football camerounais des origines à l'indépendance*, Sopecam, Yaoundé, 1982, 186p.

B- ARTICLES

Alaphilippe F., « Sport Et Droit », *Revue juridique, et économique du Sport*, n°1, 1987.

Alaphilippe F., « Sport à l'épreuve du Droit », Bournazel (E) (sous la Dir), *Sport et Droit, Bruylant*, Bruxelles, 2000, pp. 759-770.

Augustin J-P, « Sport en Afrique Noire. Développer les recherches sur les institutions, les pratiques et les aménagements sportifs », *Historiens et géographes*, n°359, 2002, pp. 103-109.

Augustin J-P, « Sport, décolonisation et relations internationales. L'exemple de l'Afrique Noire », in Arnaud et A. Wahl, *sports et relations internationales*, Centre de recherche de l'Université de Metz, 1994, pp. 199-204.

Bairner A, "*Sportive Nationalism and Nationalist Politics: A Comparative Analysis of Scotland, the Republic of Ireland, and Sweden*", 20 J. SPORT SOC. ISSUES 314 (1996).

Baralle P.S., « Les prérogatives de puissance sportive », *Les petites affiches*, n° 87 , 22 juillet 1994, pp. 21-26.

Bedjaoui M., « Pour une nécessaire harmonie dans le couple singulier droit et sport », in Conférence internationale Droit et Sport, Lausanne, TAS, 1994, pp. 75-81.

Bekombo Jabea C., « La situation juridique du footballeur camerounais : entre sonner le glas et sonner le tocsin. », *Quotidien national Mutation,* n°1819, du 9 janvier 2007.

Beloff M. J., « Is there a Lex sportive ?», in R.C.R.Siekman et Janwillemn Siekman (Sous la Dir), *Lex sportiva : What is Sports law?,* T.M.C. asser Press, 2012, pp. 69-90.

Bilong S., « Le droit des fédérations sportives au Cameroun : le cas de la fédération camerounaise de football à propos des sources récentes », Juridis périodique, juillet-septembre, 1998, n° 35, p. 35 et S

Boniface P.,« football et géopolitique », Géopolitique n°66, revue de l'institut international de géopolitique, p.32.

Bouche P. et Kaach M., « Existe-t-il un 'modèle sportif' dans les pays africains francophones ? », *STAP*S, n°65, 2005, pp. 7-26.

Boulin-Chica I., « La déclaration de Nice sur la spécificité du sport : une nouvelle étape dans la mise en place d'une politique européenne du sport », RMCUE, n°477, Avril 2001, pp. 237-339.

Bourdieu P, « Comment peut-on être sportif ? » dans Bourdieu, Pierre, *Questions de sociologie*, Paris, 1978, pp. 173-195.

Bourg J.-F., « La religion du sport », *Le Monde Diplomatique*, n°27, août 1995.

Bourg J-F, « Le sport dans l'ex-URSS : des ruptures aux incertitudes », *Revue juridique et économique du sport*, n°36, 1995.

Casini L., « The making of lex sportiva, the court of arbitration for sport », Max Planck Institute International Conference on *Beyond Dispute: International Judicial Institutions as Law-Makers*, Heidelberg, June 14th-15th, 2010.

Charles H., « Les relations du groupement sportif et de la puissance publique », in *Les problèmes juridiques du sport. Le sportif et le groupement sportif*, Centre d'étude administrative, Economica, Paris, 1981, pp. 221-235.

Clarke C. A., Article: Law and Order on the Courts: The Application of Criminal Liability for Intentional Fouls During Sporting Events", 32 ARIZ. ST. L.J., 1149, 1179, n.199, (2000).

Daoud H., « Le contrôle administratif sur les établissements sportifs », E.Bournazel (Sous la Dir), *Sport et Droit, Bruylant*, Bruxelles, 2000, pp. 659-688.

Darryl Wilson, *"Let them do Drugs" – A Commentary on Radom Efforts at Shot Blocking in the Sports Drug Game*, 8 Fla. Coastal L. Rev. 53, 58-59 (2006).

Davis T., « What is sports law? », in R. C. R.Siekman et Janwillemn Siekman (Sous la Dir), *Lex sportiva : What is sports law?,* T.M.C. asser Press, 2012, pp. 1-35.

Dikoume F., « La situation juridique de l'athlète : les contraintes sportives », *STAPS*, Yaoundé, MINJES-CONFEJES, 1989, pp. 173-179.

Dudognon C., « Le statut des fédérations sportives et le service public du sport », E. Bournazel (sous la Dir), *Sport et Droit,* Bruylant, Bruxelles, 2000, p. 107.

Erbsen A., « The substance and illusion of Lex sportiva », in R.C.R.Siekman et Janwillemn Siekman (Sous la Dir), *Lex sportiva : What is sports law?,* T.M.C. asser Press, 2012, pp. 91-108.

Foster K., « Is there a global sports law? », Frank Class, *London Entertainment Law*, vol. 2, No. 1, spring 2003, pp. 1-18.

Foster K., « Lex Sportiva and Lex Ludica : the Court Of Arbitration for Sport's Jurisprudence », *Entertainment and Sports Law Journal*, ISSN 1748-944X, January 2006.

Godia G., « Sport in Kenya» in E. *Wagner*, *Sport in Asia and Africa.* New York, Greenwood Press, 1989, pp. 260-281.

Gounelle M., « Sport et relations internationales », Revue juridique et économique du Sport, n°3,1987, pp. 163-167.

Gros M. et Verdkindt P. Y., « L'autonomie du droit du sport : fiction ou réalité ? », AJDA, 1985, pp. 699-705.

Grunsky W., « Haftungsrechtliche Probleme der Sportregeln, Karlsruhe », 1979.

Guillaume P., « Sport et société en Afrique noire », année africaine, Paris, *Pedonne*, 1974, pp. 297-309.

Harary C., "*Aggressive Play or Criminal Assault? An in Depth Look at Sports Violence and Criminal Liability*", 25 colum. J.L. & arts 197, 205 (2002).

Honorat J., « La répression des atteintes à l'intégrité corporelle consécutives à l'exercice des sports », c*hronique Dalloz,* 1969.

Israël J-J, « Le contrôle juridictionnel par les juridictions administratives françaises des sanctions disciplinaires prises par les fédérations sportives », Bournazel (E.) (sous la Dir), *Sport et Droit*, Bruylant, Bruxelles, 2000, pp. 616-640.

Jacq P., « L'intervention du juge dans le jugement des conflits sportifs dans les États membres de la communauté européenne », in D. Pangiotopoulos, *The science of sports law : National and international sports justice,* Helenic center of research on sports law, Athens, 1993, pp. 403-417.

Karaquillo J.-P., « La liberté encadrée : les contraintes et vicissitudes du mouvement sportif », *Revue juridique et économique du sport*, n°61, 2001.

Kemo-Keimbou D. C., « L'impact de l'olympisme au Cameroun (1960-1996), Émergence et évolution d'une culture olympique en Afrique noire. », n°20, *Regards sociologiques*, 2000, pp. 2-27.

Kemo-Keimbou D.C., « Le sport, le politique et l'État au Cameroun : Le paradoxe d'une institutionnalisation », *Regards sociologiques*, n° 20, 2000, pp. 26-37.

Lacabarats A., « Le juge, arbitre du conflit sportif », in *Justice*, Hors-série du Recueil Dalloz, n°20, 2001, pp. 7-16.

Lapouble J. C., « Le contrôle des décisions disciplinaires des fédérations sportives par le juge administratif », *JCP*, la semaine juridique, 1999, pp. 24-27.

Lassiter C., « Lex sportiva: thoughts towards a criminal law of competitive contact sport », *University of Cincinnati College of Law Public Law & Legal Theory Research Paper Series*, No. 08-04, February 15, 2008.

Latty F., « L'arrêt, le livre blanc et le traité : La lex sportiva dans l'ordre juridique communautaire développements récents », *Revue du Marché commun et de l'Union européenne,* n°514, janvier 2008, pp. 43-52.

Latty F., « La lex FIFA », *Droit et coupe du monde*, Mathieu Maisonneuve (Sous la dir.), Economica, Paris, 2011, pp. 9-27.

Latty F., « Les règles applicables aux relations sportives transnationales. Le regard de l'internationaliste publiciste », in J-S Berge, M. Forteau, M-L Niboyet et J.-M. Touvenin, *La fragmentation du droit applicable aux relations internationales. Regards croisés d'internationalistes privatistes et publicistes*, Cahiers internationaux, n°27, Pedone, 2011, pp. 83-96.

Mahlmann P., « Perception of sport in Kenya », *Journal of Eastern Africa Research and Development,* No. 19, 1989, pp. 119-145.

Mbaye K., « Une nouvelle institution d'arbitrage : Le TAS », *AFDI*, 1984, pp. 409-424.

Nafziger J.A.R., « Lex sportiva », in R.C.R. Siekman et Janwillemn Siekman (Sous la Dir.), *Lex sportiva : What is sports law ?,* T.M.C. asser Press, 2012, pp. 54-69.

Namekong G. R., « Contribution à la connaissance des causes de la baisse des entrées dans les compétitions de football en Afrique subsaharienne », Yaoundé, *CIES*, mai 2002, 38p.

Nlep R.-G., « Le Sport au Cameroun », *Revue juridique et économique du sport*, n°21, 1992, pp. 43-48.

Panagiotopoulos D., *Law of International Sports Relations and Institutions*, Athens, p. 20, ibid (1993), "Issues of Epistemological Definition and Implementation of Sports Law" in : *Proceedings of the First International Congress on Sports Law,* Dec. 11-13, Athens 1992, H.C.R.SL.: Athens, pp. 65-77, id., (1993), "The Right to Sport and its Protection According to the Greek Constitution" in: *Revue juridique et économique du Sport,* I, pp. 109-116, 1994.

Panagiotopoulos D., *Sports Law. A Systematic Foundation-Implementation,* Athens : Sakkoulas, 2001, pp. 203-235.

Papaloukas M., « Legal Aspects of Players Agents Licensing System in Football », *Sport Management International Journal*, Vol. 3, N°1, 2007, pp. 45-58.

Papaloukas M., « Sports Betting and European Law », *International Sports Law Journal*, Vol. 1-2, 2010, pp. 86-88.

Papaloukas M., « Sports Law and Sports Market », *Sport Management International Journal*, Vol. 1, N° 1-2, 2005, pp. 39-45.

Papaloukas M., « Sports law and the European Union », *Sport Management International Journal*, Vol. 3, N°2,2007, pp. 40-49.

Papaloukas M., « The Sporting Exemption Principle in the European Court of Justice's Case Law », *International Sports Law Journal*, Vol. 3-4, 200, pp. 7-109.

Plouvin J-Y, « Les associations sportives ou le sport à la recherche de son juge et de son droit », *AJDA*, 1980.

Poli R. et Ravenel L., « Les frontières de la libre circulation dans le football européen vers une mondialisation des flux de joueurs », Lille, Université de sciences et techniques, *Espace population et société*, n°2, 2005, pp. 293-303.

Poli R., « L'Europe à travers le prisme du football : nouvelles frontières circulatoires et redéfinition de la nation», Neuchâtel, *cybergeo (en ligne)*, n°294, www.cybergeo.org.

Poli R.et Dietschy P., « La politique du football africain : entre immobilisme et extraversion », *Politique africaine*, n°102, 2006, pp. 173-187.

Rigaux F., « Le droit disciplinaire dans le sport », RTHD, n°22, Avril 1995, pp. 295-314.

Silance L., « La formation de la règle de droit dans le domaine sportif », in chaim Perelman (Dir), La règle de droit, Bruylant, Bruxelles, 1971, pp. 296-312.

Silance L., « Les ordres juridiques dans le sport », Bournazel (E) (sous la Dir), *Sport et Droit, Bruylant*, Bruxelles, 2000, p. 107.

Silance L., « Les règles du Comité international olympique et le droit », Revue olympique, n°5051, Novembre-Décembre, 1971, pp. 586-596.

Simon G., *Les contrats des sportifs : l'exemple du football professionnel. Actes du colloque*, Dijon, 7 et 8 novembre 2002, Laboratoire de droit du sport, Paris, PUF, 2003, 341p.

Stathopoulos M., “Issues of Procedural and Substantive Law in Sports Disputes” in : *Legal Forum,* 34, 1986, pp. 525-531.

Stathopoulos M., “Sports and European Community Law” in: *Proceedings of the 5th IASL Congress,* Nafplio 10-12 July 1997, pp. 23-24.

Taupier M., « Recherche sur la nature juridique des fédérations sportives et leurs actes », *AJDA*, 1970.

Vieweg K ., « Le droit du sport, une fascination », traduction de « Zur Einführung-Sport und Recht », *Jus,* 1983, pp. 1-44.

Vieweg K., *Normsetzung und -Anwendung deutscher und internationaler Verbände*, Berlin,1990.

William J. Morgan, “*Sport and the Making of National Identities: A Moral View*”, 24 J. PHIL. SPORT 1, 3 (1997).

Wax A., « Public international sports law: a forgotten discipline? », in R.C.R.Siekman et Janwillemn Siekman (Sous la dir), *Lex sportiva : What is sports law?,* T.M.C. asser Press, 2012, pp. 286-298.

Weatherill S, «Is there such a thing as EU Sports Law? », in R. C. R. Siekman et Janwillemn Siekman (Sous la dir), *Lex sportiva :What is Sports law ?,* T.M.C. asser Press, 2012, pp. 299-310

Weatherill S., « Fairness, openness and the specific nature of sport: does the Lisbon treaty change E U sports law? », in R.C.R.Siekman et Janwillemn Siekman(Sous la Dir), *Lex sportiva : What is Sports law?,* T.M.C. asser Press, 2012, pp. 311-326.

Westermann H. P., « Die Verbandsstrafgewalt und das allgemeine Recht », Bielefeld, 1972.

Yates J & Gillespie W, “*The Problem of Sports Violence and the Criminal Prosecution Solution*”, 12 Cornell j.l. & pub. pol’y 145, 160 (2002).

TABLE DES MATIÈRES

Structures éditoriales du groupe L'Harmattan

L'Harmattan Italie
Via degli Artisti, 15
10124 Torino
harmattan.italia@gmail.com

L'Harmattan Hongrie
Kossuth l. u. 14-16.
1053 Budapest
harmattan@harmattan.hu

L'Harmattan Sénégal
10 VDN en face Mermoz
BP 45034 Dakar-Fann
senharmattan@gmail.com

L'Harmattan Cameroun
TSINGA/FECAFOOT
BP 11486 Yaoundé
inkoukam@gmail.com

L'Harmattan Burkina Faso
Achille Somé – tengnule@hotmail.fr

L'Harmattan Guinée
Almamya, rue KA 028 OKB Agency
BP 3470 Conakry
harmattanguinee@yahoo.fr

L'Harmattan RDC
185, avenue Nyangwe
Commune de Lingwala – Kinshasa
matangilamusadila@yahoo.fr

L'Harmattan Congo
219, avenue Nelson Mandela
BP 2874 Brazzaville
harmattan.congo@yahoo.fr

L'Harmattan Mali
ACI 2000 - Immeuble Mgr Jean Marie Cisse
Bureau 10
BP 145 Bamako-Mali
mali@harmattan.fr

L'Harmattan Togo
Djidjole – Lomé
Maison Amela
face EPP BATOME
ddamela@aol.com

L'Harmattan Côte d'Ivoire
Résidence Karl – Cité des Arts
Abidjan-Cocody
03 BP 1588 Abidjan
espace_harmattan.ci@hotmail.fr

Nos librairies en France

Librairie internationale
16, rue des Écoles
75005 Paris
librairie.internationale@harmattan.fr
01 40 46 79 11
www.librairieharmattan.com

Librairie des savoirs
21, rue des Écoles
75005 Paris
librairie.sh@harmattan.fr
01 46 34 13 71
www.librairieharmattansh.com

Librairie Le Lucernaire
53, rue Notre-Dame-des-Champs
75006 Paris
librairie@lucernaire.fr
01 42 22 67 13

www.ingramcontent.com/pod-product-compliance
Lightning Source LLC
LaVergne TN
LVHW010927061026
849535LV00007B/2266